從科學觀點看紫微斗數

命理與人生100

許興智◎著

ISBN 957-13-1623-7

《自序》

對命運的好奇與困惑

⊙許興智

一

活了一甲子，接觸過世界上數種不同地區的種族和文化，我不得不承認每個人都有生而俱來的特性，包括個性、癖好、某些天賦才智、體質、價值觀，以及思考方式。這些類型可用不同的分類和歸納方法加以模式化，而此先天特性和後天環境及教育的配合，塑造這個人特有的風範，以及格調、價值觀、思考等行爲模式，進而主宰他的一生。

二

傳統命理中有一部分原本就在探討各種特性類型，特性類型就是「命」的概念；至於一生起伏變化軌跡的考察，多半依賴有限的經驗和體會，這屬於「運」的概念。古人受限於當時知識的水平，在類型及經驗的體會中，難免存有不少的誤解，但也有一些珍貴的發現，如何棄誤惜眞，是現代人的責任。

三

命理又稱祿命法，是一種普受知識分子爭議的文化遺產，其似是又似非的論說，一直困惑著中國人——祿命法不但在過去久遠的歷史中迷惑了帝王和庶民，就是在科學昌盛的今天，仍然困擾著廣大層面的民衆。有些人不肯公開承認對祿命感興趣，怕被朋友取笑，卻又禁不住好奇，我也有過這種經驗。祿命法之所以迷人，乃在於被認爲能夠窺測未來的變化。

四

自古以來，人生的每一步之前都是「未知數」，充滿著不安與焦慮，無論富貴或者貧賤，每人都有他自己的煩惱，佛教說是「前世業」，基督教說是「原罪」，似乎可以肯定，從來沒有一個人會覺得他的一生都是順心如意的。

五

文明的進步在於不斷減少未知數，同時增加推測未來變化的能力，氣象學就是一個典型的例子。凡事豫則立，就有防患或思考對策的機會，減少衝擊所帶來的災難；但是科技文明的發展，一方面固然減少了已有的未知數，另一方面卻產生了新的未知數，原始的未知數在今天多半成爲已知數，然而以前沒有過，或者未曾關心的新的未知數卻不斷增加，特別是生存環境的激烈變化，科技的進步附帶的新的問題，使得個別的未知數、內心的不安和煩惱，更多也更複雜。

六

現代知識體系對這種純個人的不安和未知數，不一定有效，於是傳統祿命法經過商業包裝，成爲人生旅程中無奈的指南；尤其面對常識無法提供明確的指引，或者當他遇到不可逆料、不可理解的困境時，極易從對現代知識體系的失望而轉向神祕的傳統命理覓求救助。我們不能苛責這種脆弱的人性，因爲人有時候不得不把自己的心靈託護於超人的幻境，換取求生的勇氣。一代布衣卿相曾國藩先生晚年教人「不信書，信運氣」，就是俗稱的「認命」，「認命」是一種自我解脫，試圖到達達觀所採取的感性投降方式，另外一種到達達觀的路，是經由理性的掙扎。

七

人生遭遇可粗分爲兩大類，一爲與自我之因有關，一爲超我甚至超人力之因所造成。與自我有關者，需要勇氣去面對挑戰，也要在平時培養知識技能和涵養；至於超我或超人力之因所造成的遭遇，只能接受，並加以容忍。經由理性的掙扎所獲得的達觀，能夠分辨上述兩種情況，而經由感性的投降，則較難分辨。所以理性的人生觀比較積極，感性者則易流於消極。

八

積極和消極並無好壞的區別，天生的類型本就不同，有的人比較適合積極的人生觀，有的人比較適合消極的人生觀，如此而已；但是理性掙扎的人卻抱著消極的人生觀，這種錯配就會引起很大的內心矛盾，造成進退失措。祿命法除了通過類型的解析，提供安身立命的參考資訊之外，尚隱藏著某些哲理，經由一般人最熱衷的功利價值方式，引導我們一層一層深入思索人生，從妻財子祿的名利慾望世界，進入起落浮沉的無常煎熬，到達生老病死的了悟，至此終於跳出命盤所虛構的紅塵俗世，趨向達觀的境界，然後再從達觀的境界，重新定位定義自我的人生。

九

本書收載的是我在公餘玩研紫微斗數二十餘年，研討千餘位中外人士的祿命，記錄下來的一部分學術性議論，這種議論的角度是以本身的專長（科學的觀點）來鑑賞，並批判古傳斗數的是與非；內容和結構大部分是一九八六年間應邀赴美，在北卡大學藥學院擔任訪問教授(visiting professor)時，晚間和老伴在教堂山莊(Chapel Hill)客寓閒談人生的種種中思索而成。老伴催促我把這些心得寫下來，提供子女參考，所以整個內容充滿學術的理性思辨，並且是用和家人談論自我見解的語調，跟一般爲了公開出版而撰寫的著作不同，希望讀者能了解這種背景而加以包容。

十

我從未計劃出版這些隨筆並非我要藏私，而是我始終認爲對算命技術感興趣的人佔絕大多數，卻很少人願意去讀淸理斗數眞面目的學術議論，除了家人之外，第一位關心並讀過手稿的是了無居士，數年來他一直想要把草稿拿去出版，都被我婉拒，原因是不想害慘出版商，這次他不但強把手稿打字編排，還找到有足夠勇氣的出版社，才促成本書的付梓。這些過程不是當初我料想得到的，當然也不是我的意圖；我總覺得我不是祿命法的專家，玩研斗數純是自己在思索自我的人生，不敢以粗淺的見解影響別人。所以書中若有不妥之處，敬請原諒。

一九九四年夏天於美國費城客寓

目錄

斗數的根

一

生命是一種兼有「不可逆性」（年齡、老化）和「重複性」（重複出現的性質）的生物現象；簡而言之，從嬰兒到變老是不可逆的，睡眠、吃飯則是可以重複出現的。現代科學有一種研究生物（包括人及其他生物）在不可逆的時間進行中，某些生理特性重複出現的周期的學問，稱為chronobiology（「時間性生物學」），生物都受環境規範，所以生物必須配合規律的環境秩序周期生存，這種生命的節奏或律動(rhythm)，跟生存環境的周期性變化緊密調和，經過幾億年的遺傳累積，變成生而具有的律動特性。後天生存環境的周期性律動變化，無法迅速引起生物原有的律動變化，但經過一段時間的調整，逐漸發生相當的適應性，一個簡單的實例就是，美國和台灣恰好日夜顛倒，紐約的正午恰是台灣的子夜，從紐約飛回台灣或從台灣飛到紐約就會發生時差，晚上睡不著，白天又很睏，經過幾天才會適應。近代 chronobiology 始於一九三七年，已成爲生物醫學上極爲重要的知識，對太空飛行的貢獻尤大。生物生理功能的律動周期(biological rhythm)，目前比較清楚的有概日性周期(circadian rhythm)，概週性周期(circaseptan rhythm)，概月性周期(circatrigintan rhythm)以及概年性周期(circannual rhythm)這幾種。

所有的生物從出生開始，生命就沿著不可逆的時間軌道疾駛，走向死亡。事實上，出生和死亡只是個人「體細胞」(somatic cell)的宿命，眞正的生命並沒有死滅，原來生物除了個體的體細胞外，尚有繼承祖先基因(gene)的生殖細胞(reproductive cell)，經由生殖細胞把生命延續到下一代身上，生命得以永續不滅。中國人重視血統親情的倫理是非常符合生物學的事實，當有一天，個體不得不死亡而離開這個世界時，我們的生命仍可通過生殖細胞把繼承自祖先的基因融合到下一代身上，延續下去；易言之，下一代就是一系列生命（從祖先到自己）的「蓮花化身」。如何將基因中的優點發揚光大，而把基因中的缺陷抑制到最低的程度，就靠培育下一代的方式。

如果擴大時間的領域來觀察一代又一代的衆生相，探討在連綿不斷的時間軌跡中出現的生命類型，我們不難發現類似的現象(或某種特性類型)，重複出現在每一世代中。既然生命的基因並未消滅，那麼在不相同「代」的生命時間中，就有可能重顯其生命類型，簡明地說，我們將在不同的「代」看到時空遠隔下存在著極其相似的人物。佛教認為這是古人透過轉世投胎到這一代來，因而主張「輪迴說」；科學的觀點是把這種現象看作類型的分佈。古代有些聰明人以六十年作為一代人生的周期，歸納人生類型而發展為祿命法。這種已故的人物類型投影到後代，作為後代人生藍圖的方法，到底是對還是錯？哪些是眞、哪些是假，從來沒有人認眞做過客觀的檢討。

二

到目前為止，斗數書籍多半盲目繼承古傳，抄襲古代星相宿命的謬論，談排星辰、開命盤的方法，論看命格、十二宮的吉凶、大限流年的禍福，在星情及宮位上轉來轉去，討論的層次老是停留在不知其所以然的方法及技術(know how)層面，尚未有人從科學的角度探討結構、推算的原理，以及方法的依據(know why 註❶)這種本末倒置的研討方式，當然存有很多致命的缺失：

㈠不了解技術和方法的原理，將無法改善，只能盲從，最後連自己也不知道對不對，以及爲什麼對、爲什麼不對。

㈡沒有原理加以約束的方法和技術，極易自動發散變成無理性的變化或惡性的衍生演繹，使推命變成花樣翻新的猜謎遊戲，不但不能解惑，徒增更多的困惑。

㈢如果原理錯誤或者原理本身有了問題，方法和技術就失去時代的價值，祿命法就變成以訛傳訛的鬧劇，許多所謂的祕訣，若從邏輯的層次加以追究，可以發現不過是閉門造車，自以爲是罷了。

現代人了解知識是攻克未知(unknown)的工具，知識的質(quality)和典範(paradigm)隨著文明的進步而提升，知識始自現象正確的觀察和記述(observation and description)，經由觀察、認知建立了許多「資訊」(information)，資訊經過解析整理，就變成有助於了解現象的「情報」(intellegence)，然後逐漸形成各種「臆說」(hypothesis)，用以說明現象中「因」和「果」的關係。若能歷經考驗而不失其眞，「臆說」就自然變成「學說」(theory)，最後成爲公認的法則(law)。對現象「因」和「果」的了解，人力才可能參與現象，才能講究由「因」預測可能的「果」，也才能知道期待何種「果」時，應有何種的「因」；唯有如此，才能進一步議論方法和技術(know how)。所以方法和技術基源於原理(know why)，若無原理，或者原理很曖昧甚至錯誤，則方法和技術本身就缺乏合理性、可靠性，有時候歪打正著，有時候全盤皆非，完全是在碰運氣。古代的知識多屬只知其然不知其所以然，而知其然也多爲知之不眞——只有個人主觀的經驗，沒有原理的了解。

古代文明有些是正確的，有些卻是錯誤的，經驗如果未經嚴謹的、客觀理性的分析，不一定是眞；缺乏學理的研判和支持，那些經驗往往只是「錯誤的重複」。

我敍述這個道理並無責怪別人的意思，初學者通常經由模仿開始，先學方法、技術，然後逐漸學會思考。例如小學生學算術，先學加減，再背九九乘法，依樣葫蘆，等到高中才學「數」的初步理論，研究所才搞理論數學。問題是小學生依樣畫葫蘆的計算方法，經過科學邏輯證實，不懂數學理論也可安心使用；斗數的方法和技術卻非如此，問題才顯得嚴重。一般在探討層次的進展上，可分爲三個階段：

初級階段——熱衷於搜集學習的方法、技術，博涉各色各樣的推論方法，生吞活剝，盲目跟從。

中級階段——自認已有一套方法，一方面替人算命，一方面努力收集已知事故的命例進行比對，尋覓事故和命理之間的脈絡關係，希望找到新的方法。

高級階段——對方法和技術的邏輯以及研討命例發生的矛盾開始反省，冷靜地對祿命的本質、方法的論理體系，有了客觀的疑議和理性的思索。

我認爲這種現象若要改變，從初級階段就要納入邏輯的概念、科學的評判態度，才不致掉進傳統祿命的遊戲陷阱裏。當今的習命者多半是成年人，不必再學小學生的方法；命運認知層次的高低常會影響他的抉擇，面對如此重要的知識，不能只是盲從而不去了解它的來龍去脈。

三

有關紫微斗數形成的背景和演化的過程，完全沒有文獻可查。我們只聽說到了五代出現了一位道士陳希夷，傳說他在宋朝年間寫了一本《紫微斗數全集》，流傳至今。書上說陳先生「仰觀天上星，作爲斗數推人命」，簡短的一句話，立刻變成擁有超人智慧的外星人，也把人間福禍的責任推給並不實存的星辰（註❷）。對現代人而言，這種近乎幼稚可笑的記述，在古代卻是很有學問的表現法。在古代，不分中外，天文學和占星術是混雜在一起的學問，觀天文察地理，試圖了解人類生存的環境變化，占星術是想了解生存於這種變化中的人事禍福。隨著文明的進步，人們逐漸發覺個人或社會的禍福其實和天上星星的游動不一定有關連，所以天文學獨自發展成爲科學的一個部門；而複雜的人間禍福的探討也被迫分家，成爲另外一種星命之術。

在試圖了解個人的禍福、起伏周期波形的許多方法中，無疑的是以出生時間爲基準的方法最受到中外古人的重視，唐朝殿中侍郎御史李虛中是當時最負盛名的算命家，他撰寫的《李虛中命書》仍存於今。有人認爲，祿命法可能是古代統治者爲了用人的需要而發動的學術研究，把它視爲一種帝王學，不無道理。這種以出生時間爲基準的祿命觀念，衍生出子平八字、紫微斗數、果老星宗、鐵板神數……等祿命法；古人認爲人的出生是生命的開始，值得珍重，所以把出生時間和以後的人生軌跡連在一起去想，同時把天上的星象和地上的人事混爲一談（「天人感應」之說），是古代的知識典範(Paradigm)。在李虛中的時代，祿命推算只用年月日並不用「時」，後來才進步到把兩個普通時約爲一個命理「時」，加以考慮。鐵板神數及果老星宗更進一步，用到刻度（十五分鐘）。這些術數雖然同以出生時間作爲祿命的基準進行討論，在原理及方法上卻完全不同，以現代人了解較多的子平及斗數而言，子平在原理上沿用古天文學和占星術，它試圖將天體的運行狀況和人文地理融合爲同一規律，發展成爲人事禍福，主要偏向於使用古代的宇宙觀——五行生剋制化、喜忌平衡的倫理，推斷人的禍福。在方法上，子平完全使用干支來記述出生時刻，而以日干爲體，利用干支相互的關係議論吉凶；斗數就相當費解，原理不明，方法也非常駁雜，它對生年使用干支，對生月生日使用數字，對生時卻用地支來記述，這種干支和數字混合的方式，在傳統上不能不說是異質。

斗數開列命盤的規則更是一個大謎，它使用月時定出命身二宮，再以命宮地支和生年干依照五行冠蓋法求出命宮的天干，然後以命宮的干支依六十花甲納音求出五行局，再由五行局和生日數計算紫微星的配位。這種多層次的複式開演，究竟依據什麼原理，沒有古文獻可以求證。五行冠蓋法從年干起出月干，用此方法求得的命宮干支和子平的月柱干支完全不同（相同的機率極微），因此以命宮干支展開的大限干支，自然和子平從生月干支展開的大運完全無關，這是兩種完全不同體系的術法。斗數爲什麼以五行冠蓋法起出命宮干支，然後展開成爲大限干支？我們實在找不到可以附會的依據。

納音原本也是逐年立出日時及推算流日干支的方法，那麼斗數用命宮的干支套合納音求得五行局，到底具有什麼意義？答案是，五行局只是用來推算紫微星的位置，在推命上並沒有意義。但是，用五行局和出生日數計算紫微星位置的方法，又依據什麼原理？那就更費解了，例如水二局爲何兩歲起大限？紫微星爲何須由丑宮起初一日，順行一宮安初二日？難道天上眞有一顆紫微星，每兩天走一步，在黃道十二宮中跳慢四拍的舞步？若是，天文學早就發現了（絕無古人觀察得到，現代天文學一無所知的星球）！紫微星系和天府星系諸星的配置以及干星、支星、月星、日星、時星，又是從何而來？爲何如此配置？幾乎有關斗數的規則和方法，都沒有人能給予合理的說明。奇怪的是，這樣一種什麼原理都不明，簡直是莫名其妙的祿命術，默默地流傳幾百年後竟在科學昌明的現代突然流行於台灣，委實不可思議。

四

在傳統上，子平被視爲祿命法的王者，因爲它的倫理和邏輯結構在知識典範上儘管已和時代脫節，卻有相當明確的古代陰陽五行臆說做爲依據，難怪一千多年來知識分子包括一些士大夫階級的研究者不少，著作也頗豐。相形之下，鐵板神數和紫微斗數在原理上極爲神祕曖昧，甚至有不可思議的邪門味道，其中鐵板神數已因很少人懂而式微，紫微斗數有史以來，好像只有一位進士替它作了一篇三百六十七字（包括自己的姓名在內）的短序（註❸）之外，未見識者研究註釋。雖然如此，卻意外流行於台灣，流派之多，玩研人口之衆，以及大專程度參與的人口超出子平，顯然是一件反常的怪事，難怪學者斥之爲「社會退縮性次文化意識」風行的危機徵兆。

斗數的根源因年代久遠，足痕已渺，不得查考，唯一的可能就是以現代人的智慧來考察這種遺物，猜測古人可能是怎樣的一種想法，才如此規範。爲斗數覓根，就是清理它的結構及方法，欠缺這個步驟，我們永遠無法了解斗數到底對在哪裡，又錯在哪裡；揭開斗數的眞面目，不得不從祿命術數的歷史演變著手。

［附註］

❶上古文明多是在嚐試和錯誤中發展，具體的成就變成粗糙的方法或技術，然後慢慢優勝劣敗，好的技術淘汰了壞的技術，科學（學理）就從好的技術中分化出來。這種分化使得人類能使知識系統化，追究技術的原理的結果，反而促進技術的發展，造成良因良果的循環。斗數自始至今，就因缺乏這種分化而停頓

在古文明的水平。對術數有興趣的人也只關心方法技術，對理論缺少追究的意願，難免泥古，在不知不覺中以訛傳訛。我在大專學校教學二十多年，深覺多數中國學生的通病是過分偏重零碎片斷的技術或結果，喜歡套合公式，而不願探究公式的來龍去脈、可用的界限及其不適用性，以致時常犯了錯用公式的謬誤而不自知。很少人重視貫穿零碎技術或結果的原理體系，所以缺乏系統性、邏輯性的知識，也不重視方法學長此以往，當然不會獨立思考和批判。這種求知方式，跟我們的考試方式、師資與環境必有密切的關係。

❷斗數使用的星辰除少數幾個以外多半是虛構的，並非古天文學上實存的星球體，和「果老星宗」（七政四餘）完全不同。

❸明朝進士羅洪先。比起研究子平的大學士、相國之流，進士只是不足爲道的士大夫階級。

祿命術數的史觀

一

古代文化的特質之一就是「僞科學」(Pseudo-science 註❶)的流行,中國古文化中的「僞科學」被稱爲「術數」(卜卦、算命、風水、相術、擇日及鬼神巫術)。上古術數從不涉及個人而只預言國運、戰爭和收穫,這種情況與西方並無兩樣。早期陰陽家的「讖緯說」主張政治和社會的變亂,會造成地上五行現象的失序和天上反常事故的發生,因此就有「凡帝王之將興也,天必先見祥於下民」的感應。自然界和社會道德反應說是將自然現象和社會現象有關的秩序、規律,視爲同一法則的「詭論」(註❷),這是中古時代流行的錯誤思想,中西歷史上共有的史實,只不過西方不如中國那麼誇大和沉迷而已。

據英國劍橋大學李約瑟博士(Dr. Joseph Needham 註❸)的考證,中國星命之術應用於預言個人的命運，可能始於後漢時代（西元第一世紀）。有史料可考的第一部星命書據說是東晉郭璞的《玉照神應眞經》，第一位星命專家的傳記是北齊的魏寧，到了唐代（西元第八世紀），星命之術已經相當盛行，唐代有張果的《星宗》、《星命淵源》和李虛中的八字命書，都流傳至今。唐代也是中國史上發明「水輪擒縱機構時鐘」的時期，到了宋代，計時用的時鐘製造技術更加發達，導致算命從唐朝以前的年月日進步到使用「時」。李博士在《中國之科學與文明》書中（〈機械工程學〉部分）分析「時鐘科技」的發展時，特別提到：

中國的皇帝自認爲天之子，其位至尊，所有政務及日常工作等均應繞其運行，服侍於皇帝之極多婦女，亦應依照盛行於宮廷中之宇宙進行原則加以親幸，並由女史記錄之。中國皇室不盡遵從長子承襲之原則，且在傳統上對星占學極端重視，故對子嗣受胎時在上空之星座情形亦爲選擇帝位繼承人之主要因素。因之，女史所保持的記錄有如是之重要，急切須要一種計時儀器亦可記出星宿的方位……。

這段考察雖出自外國學者，卻相當富有歷史文化的內涵。

早在西元第一世紀（西元八二～八三年）時，王充在《論衡》的〈命義篇〉中，就提出「僞科學」中最著名的「詭論」，他說：

……至於富貴所稟之氣，得衆星之精。衆星在天，天有其象，得富貴象則富貴，得貧賤象則貧賤，故曰在天。

他同時又極力主張「富貴壽夭，皆在初稟之時，不在長大之後，也和道德操行無關」的星象宿命論，「初稟」一詞若以現代醫學常識看，應指精蟲和卵子在輸卵管中結合，發生染色體重組的一剎那（註❹）。這種謬論，在現實的歷史中變成活生生的諷刺劇，因爲如此刻意安排而受稟的「天之子」，仍擺脫不了被不知何時授精懷胎、何時出生的草莽之士殺盡九族，斷絕血統的命運，一朝又一朝地改朝換代（註❺）！

對這些術數「詭論」產生懷疑並加以批判的，歷代不乏其人，唐太宗時代的呂才曾在〈辯惑編〉文中指出，慘變中無數人同時死亡，個人命運的理論毫無意義；其他像陸長源的〈辯疑志〉、宋代儲冰的〈袪疑說纂〉、明代劉基的〈郁離子〉和曹端的〈夜行燭〉也不斷質疑，並斥責「爲死者燒紙錢」，攻擊宗教「地獄觀念」、「輪迴轉生」的無稽，甚至攻擊易占、卜卦、星命、擇日、風水、相術迷信詭論的錯誤。然而高級知識分子的懷疑和批評都是曲高和寡，無法獲得百姓的認同，也無法抑制那種對「統治者」有利，普受統治階級樂用的愚民手段——宿命說的盛行。從現代的角度看，中古宿命說的詭論得以風靡，主要是這種思想可做愚民的工具(不是皇帝的命，別想謀反)；此外，星象、命卜、風水可以安慰無奈的、無助的庶民，讓他們把希望寄託在子孫和來世上。

二

陳希夷（名摶）是五代的道士，據說宋太祖禮遇過他。胡渭在西元一七〇六年著的《周易明辨》中指陳摶對象數之學曾多闡釋，後世所知的「河圖洛書」就是他架構成形的，可是除了《紫微斗數全書》之外，並無任何史籍文獻可以傍證他創造紫微斗數。西元一七三九年出版的《欽定協紀辨方書》是官方的星命學文獻，也沒有紫微斗數的記載。有人說，《道藏》（宋金之際，西元一一九〇年出版）中述及的「斗君神數」，可能就是紫微斗數，但是眞僞難辨。後世只知有來歷不明、殘缺不全的《鐵卜子斗數》和明版羅洪先作序的《紫微斗數全書》，這些作品都未曾收錄於《四庫全書》。斗數好像沒有戶口的私生子，等到長大成人才被人突然發現有這個人存在。有人回溯星象命理發展的脈絡，推論紫微斗數應比子平早，將斗數視爲中古時代陰陽五行、八卦九宮等術數的末流，卻提不出具體有力的論證。

若從斗數所具有的特異結構和倫理邏輯方向探討，我們可以清楚發現斗數確實大異於中古時代其他的星命之術，使用的數學水準絕對是南宋以後才有的。據我推測，斗數極可能是南宋以後在野代數學家的傑作，他們使用代數學方法分類解析各種人生類型，累積編修而成，最後卻假托前賢之名發表。我也猜測斗數可能是最年輕、最晚發展成功的近代祿命法，在所有傳統術數之中，唯一可以不理會神話、星象玄祕而具有濃厚的現代類型解析學色彩的祿命法。在本書其他章節中，我將從這個角度來剖析它的眞面目。

紫微斗數本是傳統算命術之一，從現代知識的角度看，算命被咸認是宿命迷信，不值得花費寶貴的時間去探討；然而，從它的結構原理加以考察，可以發掘迷信中存在的一些科學成分。假如對祿命術依其演化的階段予以區分，似可大別爲三段：

㈠以陰陽讖諱說爲代表的巫術。

㈡以出生時、地的五行，作爲決定富貴、貧賤、壽夭的宿命。這種術法根據出生時刻的天象來決定人命的論據，代表者是星命術。

㈢近古的類型投影法，包括手面相和紫微斗數，前者是形態學方法，後者則是文字式代數類型法。

爲了進一步說明斗數和數學之間的牽連，我們需要了解古代數學和命運術數的關係。

三

一般人對於我主張斗數和近古數學間的密切關係，可能有所困惑。在台灣，對大多數唸過一般數學課程的人而言，數學只不過是惱人的計算課程，跟人生並無多大關係。其實這是我們僵化的升學教育失敗的結果，不懂數學論理，缺乏數學素養而想解析變化與現象，無異於緣木求魚。數學不只探討自然現象、經濟活動和社會現象，它還可應用於個人現象的解析。當數學應用於個人，究明類型、探討變化的傾向時，就變成「祿命法」。祿命法既然標榜預測的功能，基本原理就無法脫離數學邏輯的規範，只是對現代人而言，數學邏輯是西洋式的數學（符號式的數學），不易理解中國文字形式的數學而已。

了解過去進而窺知未來的方法，不外乎兩種模式：其一是「因果解析模式」（又稱肯定模式，deterministic model），其二是「類型機率模式」（又稱隨機模式，stochastic model 註❻），影響人生遭遇的內外要因過分複雜，要因和要因之間的交絡效應更無法掌握，所以全面探討自然非我們的能力所及，只能退而求其次，窺究有限變化現象的傾向以及類型，或者只觀察現象中通行的規律。基本上祿命法屬於類型機率模式的運用，如同複雜的股市變化可用「道瓊平均指數」（註❼）變化曲線的類型加以窺探，了解趨向，就可掌握有限的因果關係。類型機率模式是一種現象的「巨視觀察法」（macroscopic point of view），因果解析模式則是現象的「微視觀察法」（microscopic point of view），（註❽），斗數本質上是「現象論」（phenomenology），沒有討論隱藏在現象背後眞正的「機序」（mechanism）的能力，考慮的範圍也僅限於和個人有關的十二宮的要因。

然而古人卻自作聰明，創造鬼神與道德效應來作爲祿命的「機序」，這種謬誤顯然是認知能力的粗糙、幼稚，加上喜歡神祕誇大的性格所致，不能遵守「不知爲不知」的科學精神，喜歡假裝知道一切。李約瑟博士在《中國之科學與文明》書中〈天文學〉的部分，引述西方學者的嘲笑說，「中國人無所不知，而知之不眞」，値得我們反省（註❾）。斗數的方法以「巨視觀察」爲主，透過十二宮倫理來了解人生相，如果不能正視這種知識體系，則祿命的概念就易流於玄虛空洞的神祕宿命論，不但對人生沒有正面的效用，反而增加負面的壓力。

【附註】

❶「僞科學」是指古代由粗淺的認知所產生，對現象原理的誤解而演釋的似是實非的「詭論」。對無知的人來說，那是玄奧艱深的知識，表面論說好像很有道理，其實完全缺乏實證，多靠臆測和想像來支持，經不起嚴謹的邏輯考驗。這種知識是人類文明發展過程中共有的不成熟的誤認或臆說，許多現代文明都是從這

種早期的嘗試和錯誤中脱胎進化而得，例如「毉」演進爲醫學，「鍊丹術」演進爲葯學，「鍊金術」演進爲化學。現代人還把「未演進成爲合理可靠的知識，仍舊停留在錯誤的認知階段的古代臆説」，稱爲「僞科學」。

❷古人忘記人類爲群體生活的需要而創設的道德標準，在人類社會（以古代而言，僅指同一部落）的圈子以外就不適用；也忘記不同的社會、不同的時代，各有不同的道德標準。古人可能也不知道自然現象、社會現象本是無所謂道德不道德的；其標準全在於人的規範。科學的目標只是求眞，純理性而不談美和善，古人把這兩種完全不同的世界以感性的認知加以混同，粗糙地誤認天人實爲一體，這是一種宗教式演繹。在台灣的低層社會裏，這種錯誤觀念仍然瀰漫於知識薄弱的群象階層，成爲一種傳統，三步一家神檀，五步一家寺廟，生病不去找醫生卻到廟裏吃香灰、喝符水的畸形文化，可能就是這種遺害。

❸Joseph Needham，英國人，一九〇〇年生，曾任劍橋大學凱思學院院長、英國皇家學院院士、英國文學院院士，他本身是個生化學家。

❹精蟲帶有x和y的染色體，卵子帶有x和x的染色體，發生x-x（女）或y-x

（男）重組的一剎那時間，除非是試管嬰兒，否則誰都無從得知。因爲精子要從陰道游泳進入子宮，再由子宮鑽人輸卵管，在輸卵管遇到成熟卵子而發生授精。這種授精時間無法從帝王臨幸宮女的時間加以確認，所以用無從確知的時間來討論宿命，立論就有問題，這是「僞科學」的典型。王充是中古時代的學者，他的〈命義篇〉就是爲斥責陰陽家「讖緯說」的荒謬而作的。可惜他的「初稟決定宿命」想法，仍然脫離不了毫無根據的想像——天上星象決定地上人命的錯誤，反而變成後世「出生時決定宿命」的謬論基礎。我們不能以此厚責王充，必須責怪的是後人盲目泥古，缺乏評判的精神，以及提升知識的品質和典範的努力，只想白吃免費的午餐，做古人的應聲蟲，以訛傳訛，錯誤下去。

❺如果「初稟」定宿命、風水改造命運之說可信，那麼中國五千年歷史不可能有這麼多個王朝，今天也不可能是中華民國。一旦坐上皇帝寶座，他就可以利用無上的權力，選最佳的「初稟」或出生時間製造後代，延續皇朝，不怕別人造反，選擇最佳的風水（誰敢跟皇帝老兄爭），永保其統治權，而天下最高明的術士、風水仙誰敢騙皇帝，欺君之罪是要受九族之誅的。

❻肯定模式是因果關係確定的要因分析法，類型機率模式因為無法完全掌握和結果有關的要因，所以只能就現象作傾向性的分析。

❼「道瓊平均指數」(Dow-Jones average; Dow-Jones index)係美國證券市場一般漲落情形的指標，爲紐約市 Dow-Jones 公司所發表的計算方式。

❽例如木柴的燃燒現象，探討什麼木柴、多少數量，在什麼環境下燃燒可以產生多少熱量，使多少量的水升高多少溫度，這種考察方式屬於「巨視」的方式。若是探討木柴中有什麼成分，和空氣中的氧氣以多少的比例進行反應，變成多少新化合物……的變化，就成爲「微視」的考察方式。

❾這是一針見血的善意批評，我們千萬不可聞過則怒。

古代數學與術數的關係

一

在數學史上，最早使用六十進法的可能是居住於幼發拉底河口的閃族巴比倫人(Sumero-Babylonians)和居住於黃河流域的漢族中國人。六十進法的方便是可被一到六任一數字整除，英美度量衡中十二英吋爲一英尺、三十六英吋爲一碼的規定，就是源自這種數法。六十進法的發明依據已難考察，可能由太陽、地球、月亮約略呈一直線排列，而大部分星球恰好分布於太陽與地球、月亮所成直線一邊的周期約爲一八〇年(現代天文學計算是一七九年)所導出。將一八〇年分成上元、中元、下元各六十年，是舊曆沿用的方式。「零」是數學史上極爲重要的發明，大約西元前三到二世紀，由巴比倫後代的占星家所創，它是從「有」趨近於「無」的極限值，也是連接正負數的關鍵數，人類歷史上對數的抽象思考的突破。中美洲土著馬雅人(Maya)在西元前三十一年左右，也獨自發展出「零」的概念，他們使用二十進法，恰好介於目前慣用的十進法及古代巴比倫人、中國人的六十進法之間。現代科學已知確有一些氣候特性呈二十二年的周期性，與早期的馬雅人誤以爲是二十年周期有關。西南亞的美索不達米亞人(Mesopotamian)在表現年組單位(decade)時，也用過一種十進法和六十進法的混合方式，例如 1、10、60、600、3600 等年組記載方式。他們在西元前兩千年就能計算指數(exponents)、求根(roots)、負數及解答二次方程式。閃族人和同年代的埃及人都以 360 天爲一年，把一天劃分爲 360 時刻(gesh)。直到西元前五五八年左右，360 單位劃分法始被希臘人(Greek)應用於天文測量和角度的測定；一個圓周爲 360 度的劃分法則遲至西元前二世紀初期才被創制。

古人用數常是基於自然界及於天文現象的觀察，數學的發展完全由於天文學的需要。在古代，13、73 這兩個數字在生活中曾扮演過相當重要的角色，因爲地球和金星(Venus)會合的周期約 584 日，地球繞太陽重回原點的周期約爲 365 日，故 584 和 365 的共有整除數爲 73；地球和火星(Mars)會合的周期約爲 780 日，是 60×13。墨西哥的卡拉克莫(Calakmul)留有 103 座大石柱，其中刻有碑文的石柱是 73 座，一般認爲這是古代祭祀金星所用的祭杜。馬雅人的祭典(Tzolkin)是 260(20×13)日一次，就是對火星的祭獻(Huit-Zilopochtli)。

二

古代尚有重視四十這個數字的記載，在中東地區的史料中可以發現。例如《舊約聖經》記載的大洪水(Deluge)是 40 晝夜大雨所造成；以色列人退出埃及(Exodus)，在沙漠裏流浪 40 年；《新約聖經》裏耶穌在荒野接受撒旦 40 天的試煉；《天方夜譚》(Arabian Nights)裏也有阿里巴巴(Ali Baba)和 40 大盜。其他地區，印度傳統古詩「梨俱吠陀」(Rigveda)每一節(stanza)有 40 個音節(syllables)，一篇詩總共有 10800 詩句(270×40)，或者 432000 詩節(10800×40)。古代冰洲的《神話詩集》(Icelandic Eddas)，描述北歐神話中奧丁神(Odin)的廟堂內，戰死的勇士英靈被 Valkyrie(奧丁神的十二位婢女)招來宴飲，那座雄偉的 Valhalla 有 540 個大門(9×60)，每一大門招待 800 位(20×40)陣亡勇士，招宴的勇士英靈總數爲 432000(270×40×40)。

在高棉(古名 Angkor)，古代城砦的廢墟每座各有五個門，每個門的通路都有 108 座(9×12)巨大的石像，共有 540 座(9×60)，這種規格顯然受到中國的五行、六十甲子的影響。最有趣的事例是樸克牌，紅桃、紅菱、黑梅、黑桃各有13張，共52張，加上兩張丑角(joker)，成爲54張，恰爲一○八(9×12)的半數，這又是一種古數的遺跡。

在中國歷史上，科學家是當時社會的棄兒，科技在中國傳統文化中一直被認爲是「賤工末技」，跟作官發財無緣，根本不曾受到應有的重視；掌管行政權的外行人扭曲內行人的科技發展，政治掛帥、行政掛帥一直是皇帝文化的傳統。在這種情況下，只有曆法例外，朝廷自古就重視曆法，主持天文和曆法的官署最早的官名叫「太史令」，官員叫「胝祲」，由統治者御用。中國以農立國，必須準確預測節氣的變化，以利農事；更重要的是，氣象知識能提供統治者愚民的手段。因爲一個正確的曆法能圓滿解釋或預測天象，例如日蝕、月蝕、下雨、乾旱……等異象，使普遍對「天」抱著敬畏心的百姓相信統治者是「天所賜之人神」，絕對服從「天之子」的命令。古中國數學的發達，全拜曆法之賜。

中國似乎多元算術同時並立，我們目前所習慣的算術都以十爲基數，屬於十進法，除從商經漢到後代的十進位值法外，尙有許多數法，無極可比照零的概念，「無極生太極，太極生兩儀」，陰陽就是二元法算術（二進法），以陰陽變化爲四象，合併爲八卦，再重組成六十四卦，被應用到卜卦術上。目前電腦（電子計算機）使用的二元法算術，一般以爲是英人萊比尼茲(Leibniz)於西元一六七九年所發明。事實上，萊氏的發明是學自西元一〇六〇年代宋代理學家邵雍的「伏羲先天八卦圖」，而介紹這種近古中國的二元級數給萊卜尼茲的，正是當時在中國傳教的耶穌會教士白晉(Fr.Joachin Bouvet)。二元算術之外，中國尚有「三元法算術」，天地人三才的三元法算術後來變化爲「九宮」成爲「數陣」，應用於奇門遁甲；五元算術較少發展，卻以五行說的「詭論」風行於世，影響深遠。三才和十二支配成三十六數（天罡），加上陰陽就產生七十二數（地煞）；天罡地煞合爲一百零八之數，正好就是《水滸傳》好漢的數目。這些數形成了古代神話和文化的形式。

三

從上述的考察，我們似已注意到探討星命觀念和古代術數，不可忽略中國代數學的發展遠超過幾何學的成就，根據李約瑟博士的考證，有些史實可作參考：

㈠西元前一百年左右（漢朝），中國人就有能力解開一些聯立多元一次方程式，而此式的一般解法到了宋朝已被確立。

(二)西元前一世紀，中國已有開平方、開立方的方法，也已有了負數。

(三)唐朝王孝通成功解出三次數學方程式，到了宋朝，中國的數學家對高次數學方程式的處理，比任何當時西方的數學家都要先進。

(四)西元六六五年，李淳風使用差分法解開二次方程式，說明地球和太陽間角運動的不規則性。

(五)排列和組合、二進法的二元算術，在十一世紀的中國就已成形。

(六)宋朝秦九韶的《數書九章》書中，就有不定方程式的不定解析法。

(七)在西元一三〇三年(南宋時代)，朱世傑著《四元玉鑑》，爲「太元術」(數學方程式的解法)的代表作，同時對二項定理和類似現代數學中的「帕司卡」(Pascal)三角形，也已有清楚的解明。帕司卡三角形爲二項式的展開係數列，在西方要遲到西元一六六五年才被發現，落後中國三百三十二年。

在這些史實中，我們不能不注意到中國的代數學一直是文字形式的數學。

河洛的眞相

一

根據上古神話的傳說，大禹治水時，衆神爲了幫助這位眞命天子完成豐功偉業，特別指派兩隻神獸下凡，供做差遣，其一是從黃河躍出的龍馬，牠帶來了「河圖」，其二是從洛河爬出的理龜，牠帶來了「洛書」，在西元前五世紀以前，這個神話被認爲眞實，也被視爲理所當然。古文化的一些特質，中外皆然，上古時期人類克服生存環境的力量非常薄弱，對許多自然現象和災難深感迷惑，不得不屈服，進而對之頂禮膜拜；但是在求生的活動和自然災害的克服上，逐步學習，開始抱著積極進取的態度，終於了解大禹治水涉及的神話不過是反映古人在不可抗拒的自然災害下，爲了減輕壓力所寄予的厚望。

「河圖」又稱「天地成數」，「洛書」又稱「九宮數」，其實不是什麼深奧偉大的祕笈，也未隱藏什麼了不起的智慧，足以傲視群倫。西元前四世紀末葉，《莊子》一書就明白解釋這種道理，莊子說：「『洛書』的九個成分，各表一數。」到了西元前二世紀，它的內容已詮釋得極爲具體，《大附錄》第九章的開頭就說：「天一、地二、天三、地四、天五、地六、天七、地八、天九、地十；天數五、地數五……。」

依照宋儒的註解，「河圖洛書」是一種將一到十的自然數組合排列而成的幾何圖形，在這種圖形上施行簡單的加法，不論在哪一行、哪一列或左右斜對角線所得的和，都是一樣

4	9	2
3	5	7
8	1	6

（表一）

的。從上述簡單的考察，我們理解「河圖洛書」不過是古代極其簡陋的數字縱橫圖形，中國人素有根深柢固的迷信情結，認爲奇數主吉、偶數主凶，把單純的魔方數陣（縱橫圖）演變成爲討論吉凶方位的「九宮術」和「奇門遁甲」，這恐怕是發明「河洛」的數學家始料未及的事吧！（表一）

二

有一點我們必須注意，術數的「數」，一般指的是象數，用來描述既成的狀況或註定的含意，並無數學的概念，例如俗語說「劫數難逃」、「氣數已盡」；不過，考察術數的淵源可以發現仍與上古簡單的算術模式有些關連。中國傳統的數學是文字式及位値式，可能是這種特性使得任何形式的數學格式，容易因某種吉凶觀念的代入，膨脹或突變成爲與原來格式完全不相干的術數。這種方式有邏輯上的不連續性和不統一性問題存在，卻是衆多術數共有的奇詭特性；奇怪的是，在突變前後，也就是除去那一段斷層（缺乏因果關係）的部分，術數多半粗具系統的秩序或理則，假如玩研者只在下游徘徊，只迷戀方法，完全不追究原理，就很難發覺上游的斷崖。缺乏合理的立論依據，一切變得十分乖張，例如卜卦，卦象排出後，會有一套論理方式來說明卦象所顯示的吉凶，然而你若追問「爲什麼卦要運用瞬間的隨機（偶然變化）？這種偶然和欲知的事物之間，到底有什麼因果關係？對同一事項連卜幾次，結果都不相同，憑什麼只用第一次（只能占一次，不能占數次）」？你就會發現，無論怎樣回答，都是缺乏現代知識的神話幻想（「誠則靈，不誠則不靈」的反射。）

祿命法也是如此。

八字起出後，自有一套陰陽五行、生剋制化的論理秩序，可以很通順地說明吉凶的結果；斗數命盤排出後，也有一套吉星凶星、四化格局的論理規則，好命歹命，一望便知。然而你若追問「憑什麼理由出生時間可以決定一個人的命運」？得到的解釋則玄妙得幾乎可以媲美《天方夜譚》。若對任何術數加以溯源考據，都會發覺莫名其妙的宗教神話和天眞的猜測附會於古經理學，而成爲誣民之學。

清朝中葉，考據學大興，對術數的詭論異說有一些揭露，也有一些抨擊，例如黃宗炎的《圖書辨惑》、毛奇齡的《河圖洛書原舛編》、胡渭的《周易明辨》，都是此中的代表作；清末民初學者梁啓超十分推崇胡渭的著作，其中一段話把術數之所以成爲詭學的原因，揭露無遺。梁啓超說：「我國人好陰陽五行說經說理，不自宋始，蓋漢以來已然；一切惑世、誣民、汨靈、窒智之邪說，皆緣附而起（不合理的僞造與附會），胡氏的書，乃將此等異說的來歷和盤托出，使其不能依附經訓以自重，此實思想之一大革命也。」

後記

卜卦可能是科學時代最令人覺得不可思議者之一。

「卦」本是史前沒有文字時期用來傳遞某種信息的記號，後來文字發明，文明發達，卦就失去存在的價值，想不到竟被崇尚神祕之徒僞托，變成一種缺乏現代原理、近乎怪異神化的術法，日本有句俚語說，「猜對的也是八卦，猜錯的也是八卦。」意思是說，不可靠的偶然，就是卜卦。卜卦的約束是「不動不卜，一動即卜」，這是「心」與「事物」有密切感應的假說，也是超心靈或超感應說的論調，自然而然講究「機緣」（觸機）。事實上，若眞有超感應，眞有心與事物間的密切關係，則占卜多次，結果必定相同，因果律就是這樣——心物的感應，不論何時何地在某一條件下，都能重複出現，否則就失去眞實性。占卜絕不許多占，因爲對同一問題占兩次以上，相異的機會極高（一百次中會有99.98次不同），譬如在甲命相館占了一次，又到乙命相館占一次，答案就會不同。連占兩次答案相同的機率只有$\frac{1}{64}\times\frac{1}{64}=2.44\times10^{-4}$；易言之，兩次卦象相同的機會，一萬次不到兩次半，因此就發生到底相信甲命相館還是乙命相館的疑惑。

還有一點值得再思考：卦不論如何占，都是六十四種分類中的一種出現，根據這樣一種卦象，可以解釋大自宇宙世界、國家社會，小至人生千百萬種疑難雜症，這個卦的負載能力顯然遠超過IBM超大型電腦，古人會有這種能耐，沒人相信。對那些主張卜卦可信的人，我們合理的推想是，他們簽賭六合彩、玩股票，每賭必中，早該發了財，成爲大亨了；不然也能掌握物價漲跌、匯率變化的先機，一夜之間變成鉅富。

干支之謎

一

我們了解中國傳統的數學就是文字形式的數學，干支就是表現數的文字。古人使用十干，最初是記述每月三分之一的「日」(旬)；十二支是記述每年的「月」，在殷商時代（BC13～14世紀)創設完成，後人多半僞托是「黃帝命大撓氏探五行之情，占斗剛所建始作甲子」，或「黃帝戰蚩尤，天乃降十干十二支天兵天將來助」。五行說的興起是戰國時代（BC 350年左右）的事，五行觀念成熟之前，早十個世紀就有干和支的使用；干和支都是表示數字的符號，根本不是莫須有的天兵天將。干只有十個，支有十二數，採取陽配陽、陰配陰，陰陽不互配，因此就有兩支剩餘並形成空亡（配不到天干)；十干配十二支，陰陽不互配則不重複的組合將有六十組。這就是中國六十進法的誕生。

十干的產生可能是這樣的：一個幼兒開始有了意識，能對「非我」（外界的人事物）加以辨認，最初的認知一定是媽媽和爸爸、黑夜和白晝這樣的簡易二分法，也就是陰陽的概念，所以人類對「數」最原始的運用可能就是二元算術（二進法）。幼兒慢慢長大，進步到學會運用單手，一手有五指，發展到將事物作五爲一組的計算能力，這是五進法。二進法和五進法合併成十進算術，終於產生十干的概念，十干的十進位經由籌算的發明，變成中國算術的正統。中國天文觀察和西方不同，西方人在日出日落之間觀察天文，古代的中國人則在入夜後觀察恆星，由恆星的位置做爲訂定時間的依據。他們在夜間的天空發現五個經常移動位置的游星，而受星象和人事、地象的感應臆說的誤導，自然引發由五星游動的變化來了解地象人事的想法，促成戰國時代五行臆說的興起。歷史記載，五行臆說確立於西元前三五〇～三七〇年代，主要人物是騶衍，他將五行相勝的理論推展到朝代的興替，進而提倡每一位國君或宗室只以五行中的一德統有其國，將人事、歷史以及非人性的天文地理、自然現象並列於同樣的法則之下，開啓中國星命迷信的傳統（見朱洗著：《由迷信中抽科學》，大林文庫）。

二

平心靜氣地想，古代的五行臆說沒有罪，它只根據當時的知識水準想把一些現象包括無機的星球運轉和有機的人間社會，歸納到一個簡單的秩序中，根本問題是歷史的演進過程中，後人缺少評判、求眞的精神，只會盲目遵古，任意擴張，而吝於質疑創新，甚至把對古人的質疑評判視爲離經叛道。我們不該不知評判，而把一切過錯歸咎於騶衍！

五行本質上是一種性質的分類法，將這種分類和性質間的生剋關係，加諸十干，就獲得「表一」的關係。

十干					
陽	甲	丙	戊	庚	壬
陰	乙	丁	己	辛	癸
五行	木	火	土	金	水

（表一）

十二支是引用古天文學觀察季節氣候的循環周期而劃分的單位，在時間上，原先代表月，後來也用來表現時刻，因爲一個太陽年最近似於十二個朔望月，所以把一年劃分爲十二個月。用十二時辰來劃分一日的方法，最早是巴比倫人使用水漏測時器依照日出、日沒（太陽的底線露出水平線，到太陽的底線接觸水平線上），以及日沒、日出（太陽的上線從水平線消失起，到太陽的上線露接水平線止）

的長短時間來制定；這些都是從地球、月亮和太陽三者的運行周期所歸納的。

古人錯認天是圓形、地是方形，故以干象天、支象地而主張「蓋天說」（附註）；也可能由天上地下混成一體的想法產生干支。「支」在數學上是十二進法，干支是將十進法和十二進法融合成一體來運用的方式，干支不採用陰陽互配的方式，可能跟古代認爲天地是永恆的，不生不滅的思想有關。使用干支記「年」，大約是西元前一世紀（前漢末年）的事，因而產生六十年爲一個周期的結果，影響到星象占術六十年做爲一代人生的考察方式。占星家利用干支記年，和當時一般人的壽命極限大約爲六十歲巧合，因而增添了許多神祕論說。

六十組干支配上五行，稱爲「納音」，首見於三國時代管輅的著作。納音其實是一種簡單的「數學變換」(mathematic transformation)，與音樂的「音」毫無關係，因爲在五行臆說鼎盛並成爲古代宇宙統一論的時代，任何人、事、物都不能沒有五行的歸屬，否則就被視爲不存在於宇宙的實體。納音的數學轉換極爲簡單，例如甲乙、子丑、午未和木列爲「一」數；戊己、辰巳和水列爲「三」數等等，如「表二」所示。準此而言，干支是乙丑時，乙爲一數，丑也是一數，合計共爲二數，二是金，所以乙丑的納音是金，壬爲「五」、午爲「一」，合計爲六，六減五得一，一爲木，故壬午的納音是木。簡而言之，凡所得干支的數和超過五時則減去五，以餘數決定納音。

天干	甲乙	丙丁	戊己	庚辛	壬癸
地支	子丑午未	寅卯申酉	辰巳戌亥		
納音	木	金	水	火	土
數	一	二	三	四	五

（表二）

三

這些脫胎於古代天文學和五行臆說的陰陽五行、生剋制化的倫理，後來都變成子平論命的論理基礎。就斗數而言，干支五行除分別紫微星坐宮，借來代表一種形式的用途外，找不到實質的生剋制化作用。例如天干五行合化是甲己合化土，在命盤上，生年爲甲己干、命宮在子或丑，卻是水二局（五行子屬水、丑屬土），那麼決定紫微星位置的重要依據是「二」這個數，而非「水」這個五行。我們把水二局改稱爲「銅二局」、「鹽二局」、「氣二局」都不影響紫微星的位置，也不影響大限流年的吉凶。五行和數字的關係相當紛亂，隋代的《五行大義》說水在天爲一、在地爲六；火在天爲七、在地爲二；金在天爲九、在地爲四；木在天爲三、在地爲八；土在天爲五、在地爲十，天和地相差「五」數。《禮記》〈月令篇〉的取數也很亂，有時取天，有時取地，例如木八、火七、金九、水六、土五，木八取地，火七卻取天。這些五行生數和干支納音的計算各自爲政，不管從《五行大義》或《禮記》〈月會篇〉或干支納音，都得不到斗數水二、木三、金四、土五、火六的依據。

我們不難想像斗數在方法論上一開始就和子平傳統星命術不同，在斗數中，可以完全不理會五行的生剋制化、旺相休囚；斗數只是借用古有的一些名詞符號，做爲文字代數學的形式，但並未繼承它的意義和性質，《陳希夷紫微斗數全集》混雜一些零亂的子平式論調，恐怕是先學子平而後涉斗數的人加註的蛇足——把兩種完全不同體系的術法雞尾酒化，可能是明、淸兩代人的錯誤。

干支和五行都是祿命法用來記述時間與屬性的文字式數字，別忘了古人對時間的觀念和現代人有很大的差異；此外，祿命時間也兼有空間的意義。

[附註] 「蓋天說」是中國最早的宇宙觀，在西元前三世紀的《呂氏春秋》中就有些

敍述：「天爲一半圓形的穹蒼，地爲一倒置的碗形，天地成爲兩個同心的半球體；大熊星在天之中央，人居地之中央，雨落於地，成爲大陸邊緣的海。」古人想像天如磨，帶動日月自右向左旋，而日月本身由左向右旋。古人非常自大，天「圓」地「方」，人居於地的中央（中央屬土），這個人就是中國人，這個地上的「國」就是中國，不屬於這個地區的人都不是人，是夷狄、蠻族。古代的中國人確實具有可以如此自大的條件，因爲文化的水準沒有一個民族能夠和他們比擬，時至今日，當然這種條件已是昨日黃花了。

時空觀念

一

子平和斗數都以出生時間爲推算的基準，生辰表面上雖指時間，實際上因爲空間位置的改變、計時的標準有所不同，使得時間本身兼具時間及空間的條件。這種觀念其實就是西元第一世紀時王充〈命義篇〉所說，「命運的富貴貧賤決定於初稟時，得自天上的衆星象」的宿命論。出生地點和時間決定所得的「衆星之精」，也決定了日後的富貴貧賤。古代的漢民族是相當自大而鄙視外族的，把漢人以外的人種視爲次等人類，稱他們爲夷、狄、蠻、番、奴，因此漢人的時空是以自己生存的時空區爲唯一的標準，認爲這個地區是天地的中心，所以稱爲「中國」。

現代人都知道，目前世界通用的時間並非以中國爲準，而是根據一八八四年十月十三日各國共同簽署的約定，從英國倫敦近郊的格林威治(Greenwich)天文台向東向西，每隔經度十五度，劃分成若干時區，地球平均每廿四小時自轉一周三六〇度，因此地球每小時對太陽平均轉動十五度，經度每隔十五度就有一小時的時差。一個太陽年（地球環繞太陽一週所需時間）爲近似 365 又 1／4 日（三百六十五日又五小時四十八分四十八秒），不是整數，爲了處理這些零碎的時間，不得不置閏，加一日來修正。然而閏年加日的修正又太多了，所以每隔一百年再作修正，但仍無法準確，目前每兩萬年還有一天的誤差。天文時間都是平均太陽時，在經度上的平均時值。世界各區以格林威治爲準，劃分成爲東西兩個半球，用經度的差別來區隔時間，例如紐約比格林威治慢五小時，舊金山慢八小時，到了中太平洋恰好是東經一八〇度和西經一八〇度的重疊線區，必須在此作二十四小時增減的調整，稱爲「國際換日線」（「表一」將世界大都市的時差作了例示）。

中國的中原標準時區是東經一二〇度，祿命法的出生時間就是以此爲基準。但進一步追查各地和標準時區的差距時發現，台北市相差六分四秒，台南市相差四十八秒。遊過美國佛羅里達州(Florida)甘乃迪角太空中心，並觀賞過「阿波羅十七號」(Apollo 17)實況電影的人都會發覺，從遙遠的太空看地球只不過是一個「小球」。這時不難想

關島	下午八點
東京	下午七點
北京、台北	下午六點
福蘭克伏特	上午十一點
倫敦	上午十點
紐約	上午五點
支加哥	上午四點
鳳凰城	上午三點
洛杉磯	上午二點
安哥拉	上午一點
夏威夷	午夜十二點

(表一) 世界主要都市的時間關係

(冬令或夏令時間可能相差一小時)

像，距地球幾億光年遠的衆星投射到地球的「衆星之精」假設存在的話，並無實質上的地區、時區的差異。祿命法使用兩小時作爲一個「命理時」，兩小時在經度上不過是三十度，這一點點小差異從太空看來根本沒有意義。在以後的章節，我將對出生時間決定宿命的謬誤作更深入的駁斥，這裏我只提出三點觀念供讀者思考。

㈠年月日時在曆法上就存有不可整除性，所以舊曆不得不置閏，因此有些年變成十三個月，而修正的結果仍然不能完全正確。

㈡一日的長短和一年的長短，不是固定的，而是有長有短的；尤其古代的曆法誤差更大，難以確定出生時間。

㈢〈命義篇〉的內容只是中古時代的神話；

即使退一百萬步，承認有此可能，經度幾十度的差異在外太空衆星看來，根本沒有差異。譬如在近處看相距十公尺兩物會有不同的位置，但當我們退後兩公里再看，此兩物就變成同一位置了。

二

中國從中古到近古都是農業爲主導的社會，農業社會對時空的觀念有許多異於現代社會的特質：

㈠農人雖然必須知道何時耕種、何時收穫，但是不必了解工業時代必備的精確時間，所以對短暫時間的單位沒什麼認識，而以概略、不太準確的大分割來衡量，譬如把一段時間稱爲「一頓飯時間」、「一泡尿時間」，不講究分秒。

㈡在農業社會裏，對時間的認知偏向於時間是圓形的、重複的，歷史不斷重演，生命經由輪迴再生——時間是周期性重複循環的觀念，正是農業社會的特質。直到工業時代來臨，人們才將時間切割成精確的、標準的單位，同時把這些單位放在一條直線上，從過去通過現在到達未來，無限地延長，時間變成線性單位。

㈢封建的農業社會是「空間緊縮」的文明體，耕地和永久住所結爲一體，大多數的人終其一生居住在一個非常狹窄的空間，日出而作、日入而息，偶爾才旅行到鄰近的村莊，除了極其少數的讀書人、官吏、士兵和商人外，最長的旅行距離平均不過十五哩（歷史學家赫爾的估計）。進入現代工商社會後，人們才從「空間緊縮」的生活型態變成「空間疏散」。

在「空間緊縮」的時代，出生地點對命運較有確定性的影響，根據世界知名的神經精神醫學大師、紐約精神醫學中心研究部主任克蘭的看法，一個人腦力、智力的啓發，和早年的環境有無豐富的感應有著密切的關係。在缺乏刺激、資訊貧乏、沒有感應的環境下成長的小孩，腦力的發展較差；而在充滿刺激、變動和競爭，以及資訊豐富的環境中成長的小孩，腦力發展普遍較佳，顯示聰明的環境較易造就聰明的人，在農業時代，生活的條件限制了生長環境，出生地和家庭背景也往往決定了機會，古人卻把這種差異用非常粗糙的假想——出生時間（兼有部分空間因素）、祖德門風和地點的五行屬性加以條件化；其實兼有部分空間特性的出生條件，與個人的天賦稟性完全沒有牽連。

總之，我們談論出生的「時—空」因素，根本就是繼承王充「天上衆星之象決定宿命」的神話。若要從這個觀點去談，那麼應該把出生時間更正爲精蟲和卵子結合的一剎那，因爲個體生命的開始不是「出生」而是「授精」（註❶），即使同一時間授精，也不會在同一時間出生（註❷）。進一步說，不同父母的精蟲和卵子具有的遺傳基因特性，也是千差萬別，就算同一時間授精，生命的本質也絕不會相同。就算同父同母好了，染色體重組的可變因素仍有相當的變數，使得多胞胎或兄弟姊妹不完全相似，這些均非授精時間這樣單純條件就可能規範或涵蓋。

「時—空」條件在人生現象中屬於非個體特異的中性座標，偏重於外界的條件意義，對個人沒有任何直接而特異的決定力——決定個人先天狀況最基本的要因，是天賦素質、心態性格都是遺傳加上後天的栽培、教育，而非靠單純的「時—空」條件。「時—空」條件是環境、時代的要因，對個人而言，絕非主因性因素；單以「時—空」談論祿命，是相當不合理的。祿命的探討之所以鑽進這條死胡同，可能是盲從中古時代的「星命臆說」，以天上的星象解釋地上人生相的謬論的結果。

【附註】

❶授精(fertilization)是生物個體生命的開始，這是早已經確立的生物學常識，胚胎

學對此一生命過程有極深入的研討。

❷從授精到生產的時間因人而異，平均期間爲兩百八十日，但個別差異很大。

宮位的倫理

一

斗數的命盤格式是以十二支構成的方格配置十二宮，配合星曜構成一種異於傳統的命式來議論祿命的吉凶。有人主張這種格式是來自「洛書」的變形，也就是將地支方位依八卦畫成的圓形變化爲四方形而得，那種說法無法解釋下述兩點與傳統星命術五行理則發生的矛盾：

㈠將十二支配成四方形後，產生子午卯酉的四正和丑未辰戌的四庫並居正位的怪配。易言之，子丑皆爲北，其中子爲正、丑爲庫；午未皆爲南、卯辰皆爲東、酉戌皆爲西，則四正和四庫並居四正位，這是不合理的。

㈡扭曲了五行會合的法則。若將斗數視爲中古陰陽五行星命術的末流，則斗數的格式便嚴重違反了傳統的五行法則；除非有著十分有力的根據，古人不會如此魯莽才對。比較合理的看法，把斗數看成爲和傳統星命完全不相關的新的祿命法，才可以不理會傳統星命的倫理，發展獨自的方式。從數學的角度考慮，更能了解設計的原理，原來近古的數學繼承了古代數學的特色，採取「文字和位值」的形式，利用籌算盤上的位值記號來演算，這種特有的數學方法早在西元前一百年（漢朝的「九章算術」）就被確立，到了宋朝，發明「解數字方程式」的方法，使用「天元」（或稱太元）記號法，稱爲「太元術」。此術是西元一三二三年（南宋年間）由朱世傑所創，他運用文字構成四方形的「矩陣」，解開數字方程式的根。「太元術」的文字矩陣將「天」（對應於西方的變數x）置於絕對（常數）項「太」的下方；「物」（對應於變數u）置於「太」的上方；「人」（對應於變數z）置於「太」的右方；「地」（對應於變數y）置於「太」的左方。

然後由「太」的位置出發，沿著兩對角線的方向，配置兩元相乘的積項（見「表一」）。

若將各數字方程式中變數項的係數，依上述方式配置在四方形的矩陣中，就可把各係數移到籌算盤上的對應位置，逐次消去各冪項，解出根的值，例如方程式：

$$x^2+y^2+z^2+u^2+2xy+3xz+4yu+5zu=a$$

也可以寫成「表二」的格式：

如果把4×4文字矩陣中央的四個方格改置一個大「太」（視為已確定的絕對項），就變成斗數的十二宮格式，如「表三」。

(地物)	物	(物人)
地	太	人
(地天)	天	(人天)

(表一)

這個大「太」字，表示在十二宮中未能考慮的其他影響人生現象的要素，這些要素超出個人主觀條件的絕對項；易言之，斗數借用「太元術」的數學方式來表現影響人生的主觀和客觀條件——其中主觀條件分為十二項要素考察，客觀條件因人而異，無法事先得知，就用中央的「太」來懸示。論命時，要把後天客觀條件放到命盤中，配合主觀條件來考量，這種方法使用了代數學邏輯的新觀念，和天上星象註定宿命的中古謬論，完全沒有關連性。斗數命盤其實是一種文字式多變數方程式，「果老星宗」雖也採用了十二宮式，但它使用了中國古天文學上的實星，以赤道圓形的十二宮位排列命盤，純粹是中古時代的占星術，在結構上和一般命理完全

		$1(u^2)$		
	4(yu)	0(u)	5(uz)	
$1(y^2)$	0(y)	太(a)	0(z)	$1(z^2)$
	2(xy)	0(x)	3(xz)	
		$1(x^2)$		

（表二）

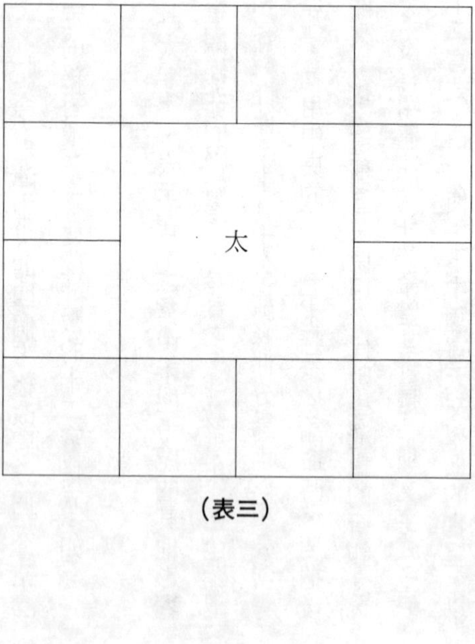

（表三）

不同（註❶）。

二

從「表二」可以看出，在「太元術」文字矩陣中的上下、左右、斜上位、斜下位各爲變數的冪項係數形成對應的關係，這種格式自然變成斗數對沖宮間的倫理；而將對角線的方格視爲兩元（兩個變數）的乘積項位置，則變成夾宮的倫理——對沖和夾宮，在十二宮的倫理配置上屬於基本的邏輯法則。若無這種規則，斗數十二宮恐怕不可能排成目前我們使用的形式。

從宋朝（西元十四世紀）數學家朱世傑所創的「太元術」（《四元玉鑑》），以及邵雍在西元十一世紀著的《皇極經世》中，我們了解在機率學上極重要的「二項定理」和「排列組合」，當時已經相當發達；另外，不定方程式的不定解析法——「太衍術」也在南宋秦九韶的《數書九章》中，有了非常完整的敍述。這些背景可做我們研究斗數結構原理的思考；也就是說，考察斗數的原理時，不視斗數爲古代星象術數的末流，而重視其科學內涵的脈絡，反而更能淸楚窺究它的眞面目。

斗數利用 4×4 的文字矩陣構成十二支，設置十二宮位，每一宮位代表影響個人主觀條件的重要因素。一般了解的十二宮（註❷）和本質的是這樣的：

①命——天賦的才智、性格
②父母——本人和父母的關係
③兄弟——本人和兄弟姊妹的關係
④夫妻——本人和配偶的關係
⑤子女——本人和子女的關係
⑥財帛——理財的能力、物慾的類型
⑦疾厄——體質、健康
⑧遷移——本人在外的活動、表演、形象
⑨僕役——本人和同事、朋友的關係
⑩官祿——本人的工作性質及特長
⑪田宅——不動產和居住環境的抉擇運用
⑫福德——精神生活和價值觀

這些主觀條件又根據怎樣的倫理配置於命盤格式中，並互相發生作用？仍有進一步探究的必要。

三

斗數的創設依照「先有父母才有我，有我才有兄弟姊妹；長大結婚，然後生育子女」的自然秩序，排到方形格式內。其他的宮位就根據宮位的夾輔（「太元術」的斜對角格位所發展的夾宮），以及相對（對沖）的關係來決定，例如命（我）是父母和兄弟的夾宮。夾有輔助、照顧、合成的意義，因爲「太元術」xy項的位置正是x和y的夾宮，由此引伸，子女爲夫妻和財帛（物質要素）所養育，所以子女宮是夫妻宮和財帛宮的夾宮，於是財帛宮就被決定下來。命是我，遷移是對方，一內一外，對沖位在太元術上是同冪項的位置，表示不同、對等、表裡的關係。利用這種內外相對的關係可以把其他的宮位定出，例如僕役是外人、朋友，兄弟是血緣手足，二者是相對的關係，僕役宮自然就排到兄弟宮的對沖位；夫妻屬於家庭生活，官祿屬於工作生活，一內一外；父母是源頭，疾厄是遺傳，一因一果；財帛是物質生活，屬於形而下，福德是精神生活，屬形而上，互相對立；田宅是祖產，子女爲其孫，也是一先一後的關係。這種倫理觀構成了十二宮的配置，如「表四」所示。

田宅宮	官祿宮	僕役宮	遷移宮
福德宮			疾厄宮
父母宮			財帛宮
命宮宮	兄弟宮	夫妻宮	子女宮

（表四） 十二宮的倫理

三合可能在十二宮的倫理確定之後產生，申子辰、亥卯未、巳酉丑、寅午戌這些地支的三合，早在五行臆說的時代就已存在。我認爲斗數的三合並非沿用古代星命術的論調，而是純屬巧合，因爲十二宮的倫理由夾宮和對沖來訂定，不用三合。三合是十二宮的倫理確定之後，想進一步考察彼此之間的密切關係，發現由「命」看其他宮位，則官祿、財帛都是養命的直接資源，這是一個人在社會中生存的基本條件——命宮、財帛、官祿形成一個鐵三角，關係緊密。無論從哪個角度看，爲主的宮位都緊密地受到其他兩宮的影響，於是三合加上對沖的格局倫理，變成互相作用的研討方式。三合是衍生的觀念，不如夾及對沖的嚴密、完美，例如由子女宮位看三合，僕役宮成為三角形之一，我和朋友的關係竟影響我和子女的關係，這種倫理不但不可思議，也不合事實。

大體上說，十二宮位的關係仍然適用於現代人的生活實況，例如影響人生幸福最重要的因素當然就是財富、婚姻和社會評價，這種倫理是，福德宮為夫妻、遷移三角形的主角位，而為財帛宮的對沖宮。對沖不一定是對立，主要作用是相對，有直接影響的意義。田宅除不動產、居住環境之外，尚有祖產、血統繼承的意義，在古代的農業社會中，受封的土地、居住及血緣都聚集在一個地方，和疾厄、兄弟、子女這些血緣宮構成三方四正並非不合理。斗數的結構反映了近古時代實質生活的狀況，利用夾輔、對沖及三合，把十二種個人主觀的要素聯合起來，表現主觀的內在條件，這些要素使用各種代數符號（星曜）以及其變化（副星、雜星、廟陷、四化）加以描述。就設計原理而言，這是突破古代星命的迷信，對人生的考察採取「現象論」的方式，完全符合科學精神的成就。

四

有些玩家主張紫微斗數原來還有天盤和地盤，也有人根據「三才」（天、地、人）的概念主張算命必須天盤、地盤、人盤具備，才能圓滿描述宿命。其實那些主張只是把古代「蓋天說」的錯誤觀念套在祿命上發揮。有些人以為斷不準，結論無法具體明確，實因天盤和人盤都已失傳；假設沒有失傳，那麼就能未卜先知，代天巡狩，規範世間的富貴貧賤、禍福窮通，甚至包括生與死了。其間還有人指出，失傳的天盤是九宮術、奇門遁甲；也有人認為就是鐵板神數，事實上奇門遁甲和鐵板神數都是中古時代獨立的術數，和紫微斗數這種近古祿命法根本發生不了關係。研討學問不是不可以提出臆說，只不過在提出的同時，也要出示相當的根據和合理的推論。

〔附註〕

①果老星宗（如表四所示）的宮位種類與紫微斗數相同，只有名稱略有差異，男女即子女、奴僕即僕役；但宮與宮之間的倫理關係，完全不同。此外，星宗是以太陽、月球（太陰）和木星、火星、水星、土星、金星等七顆太陽系的星宿運行於十二支與二十八宿（宿是支的細分單位），定出地球上個人的命運。命宮

<table>
<tr><td>官祿宮</td><td>遷移宮</td><td>疾厄宮</td><td>夫妻宮</td></tr>
<tr><td>福德宮</td><td colspan="2" rowspan="2">果老星宗
（七政四餘）
的十二宮配置</td><td>奴僕宮</td></tr>
<tr><td>父母宮</td><td>男女宮</td></tr>
<tr><td>命宮宮</td><td>財帛宮</td><td>兄弟宮</td><td>田宅宮</td></tr>
</table>

（表五）

由太陽在十二支的位置和生時求出，十二支與二十八宿（以赤道法定出的座標）每一支平均爲三十度，各宿的角度則大小不一。星圖則以星與星、星與十二宮的角度來判分吉凶，分爲合（零度）、刑（九十度）、會（一百二十度）、沖（一百八十度），其中會屬吉，刑和沖屬凶，合則吉凶參半，這種判斷和斗數的三合、對沖、夾輔的方式，也有顯著的不同。黃道十二宮是希臘天文學以座標表示星辰位置的方式，中國不用黃道而用現代天文學通用的赤道法和日計法。另外有人主張果老星宗來自印度密教，故不採用黃道十二宮，希望對該宗有研究的人查考一下。(表五)

❷古書和一些人抄襲、仿編的斗數書籍，將父母宮視爲父母本人的宮位，把兄弟宮視爲兄弟姊妹的宮位，進而將夫妻宮視爲配偶、子女宮視爲子女。依據《紫微斗數全書》記載，古人將六親和人際宮位視爲實質的人，以及本人和他們的關係的二義性概括意義，這種看法顯然錯誤。原因很簡單，一對夫妻可能育有三、四個子女，每個子女命盤上父母宮的星辰格局不會相同。父母宮如果代表父親和母親的狀況，可是每個子女的父母狀況卻不同，顯然背離事實。原理上，命盤表現的只限於本人，外人或血親不可能呈顯在本人的命盤中，這是很淺顯的道理，譬如我有好幾百個朋友，他們的狀況如何顯現在我的僕役宮？有人說可以用生年干化到我的命盤，藉以分辨，別說生年干只是生辰條件一小部分，不可能代表一個人的完全條件，就算有代表性，同學多半同年生，這樣的同學就有好幾百個，又如何辨別？顯然是把四化當做宇宙間神奇力量的一種誤解。也有人以子女宮爲長子宮，男順女逆，財帛宮爲次子宮，則夫妻宮爲次女宮，

依此類推，父母宮爲父親宮，兄弟宮便成母親宮，如此一來，豈非犯了亂倫之罪（次女和太太一樣，母親和姊妹一樣）！這種違反常識和邏輯的錯誤，應該極易發覺才對。（表六、表七）

這些都是在邏輯上搞亂倫的魔術代表例。

後記

一

借宮的魔術遊戲尚有許多不忍卒睹的玄幻效果，試舉數例以資證明——這種遊戲可能經由《斗數宣微》作者觀雲主人所提示的方法，加以惡性膨脹而產生的。

㈠命宮的前一宮是父母之宮，依此類推，福德宮相當於父母的父母宮（祖父母宮），再推上去，田宅宮便是曾祖父母宮，再推上去……十二宮全部膨脹爲歷代祖先的宮位。這是往上，還有往下，十二宮也全部化成子子孫孫的宮位，最後反而找不到開此命盤的「自我宮位」在哪裏？

㈡雙胞胎在醫學上有單卵及雙卵之分，根源不一，生理基因演化各異，魔術遊戲是將老大定在命宮位置，弟或妹則定在兄弟宮。遺憾的是，試管嬰兒一次可以

田宅宮	官祿宮	僕役宮	遷移宮
福德宮	以父母宮作爲父親宮時，父親的兄弟變成我（本命），父親的配偶（母親）變成我的兄弟姊妹。		疾厄宮
父母宮 父親命宮			財帛宮
命宮 父親的 兄弟宮	兄弟宮 父親的 夫妻宮	夫妻宮	子女宮

（表六）

田宅宮	宮祿宮	僕役宮	遷移宮
福德宮	以子女宮爲長子宮位時，我的太太變成次女的宮位。		疾厄宮
父母宮			財帛宮 次子
命宮宮	兄弟宮	夫妻宮 次女宮	子女宮 長子宮

（表七）

生下十四胞胎，十二個宮位顯然不夠容納。如果父母宮做爲父親的宮位，那麼父親的配偶就定在兄弟宮，假設父親同時娶了三個太太，在宮位配置上，元配爲兄弟宮，一路逆行，二姨太就和本人的妻子爲「同命鴛鴦」，三姨太也跟本人的長子或長女同命。如此把玩下去，可能覺得不好意思，於是自我解嘲說：「我們不過是借用宮位和星曜，仍須運用父母和各位阿姨的生年四化，協助判其吉凶，其間的命運還是有差別的。」

二

假設上述倫理關係可以成立，現在就讓我們再玩一個更精采的遊戲，請讀者觀賞。父親的元配宮在本人的兄弟宮，那麼大老婆（不一定就是媽媽，所以不用尊稱）的私情宮（夫妻宮），必在命盤的子女宮，假設大老婆有兩個情人，老大情人的宮位將在子女宮，老二情人則推到財帛宮，因此大老婆的老二情人與三姨太便是「同命鴛鴦」了（共用了命盤上的財帛宮），誰敢保證她們不會同一個生年干呢？我們用盡年月日時都無法有效掌握一個人的祿命，豈能單用一個象徵性的年干來代替！

活盤借宮也可以像科幻小說那樣，毫無限制地擴張，我的子女宮是僕役（朋友）

的官祿宮，疾厄宮是兄弟的財帛宮、朋友（僕役）宮是父母的官祿宮、夫妻宮是祖父母的財帛宮、福德宮是配偶的官祿宮……，你也許可以據此類推，撰寫一本厚厚的書，稱它爲《××派祕笈》。但是，絕對通不過知識分子的質疑和考驗。

三

有人主張「觸機」或「緣分」，同年同學雖然很多，但在這一段時間內和我發生密切關係的只有一兩個，所以根據觸機和緣分的特異性，使用年干四化觀察他們對我的影響，沒有不妥。這裏仍然潛伏著一些詭論：

㈠觸機是卜卦的專利，用來辯解連卜幾次所得的結果皆不同的矛盾。卜卦只能卜問一次，用那一瞬間偶然的卦象來論斷吉凶；再卜一次，則後卦與前卦常成矛盾，觸機正是防止矛盾暴露的詭論，抗拒驗證的防禦說詞。「緣分」更是抽象神祕，它是宗教輪迴的產物，是宿命說的註釋。

㈡命理既然強調理則，需有推論的秩序和軌道；易言之，對任何人不可以今天推論的結果和昨天推的不同。所以觸機和緣分的論調，無法存在於命理之中，其理自明。

夾的作用

一個人在年幼時期，父母、兄弟的輔助很重要，影響也頗大，但是長大獨立自主後，古代和現代因為社會環境不同而有很大的差異。現代流行小家庭制，不少人在父子、兄弟之間並沒有像古代那樣常有的工作、事業、金錢等密切的關係。這種夾助或夾制的有無，個別差異很大，夾在家族企業中的影響當然很強，如果各自謀生，財產獨立，影響則很弱。

命與夫妻夾兄弟宮、兄弟與子女夾夫妻宮，都是封建式農業社會大家庭才有的影響，現在除了極少數特殊個案外，這種吉夾凶夾實無意義。夫妻與財帛宮夾子女宮，也只有在未成年的階段，或者子承父業、父財助子的情況下才有意義。子女與疾厄夾財帛宮也是來自人力與農業生產時代的倫理，蓋子女是幫手，疾厄表示體力，人工勞力生產所得自然要依賴這種夾輔關係，現代社會中，子女的賢與不肖以及體力的強弱，雖然對財利也有一些影響，但個別差異很大，常見有人採取斷絕父子關係來切斷其間的影響，所以這種夾有無意義，端視個案而定。財帛與遷移夾疾厄，有人戲稱這是落伍社會缺乏公義、法治下的一種幫派倫理，意思是說，古人認為人若財粗勢大（外界關係好），個人的肉體安全就比較有保障。目前在法律不彰的落伍國家仍有部分適用性，對生活在貴為元首違法都要判刑的先進國家，這種「夾」，完全沒有意義。

疾厄與僕役夾遷移顯然承受了古代拉幫結黨，臂力粗壯就是霸權的遺風，一種落伍的黑道文化，當事人如果從事政治或黑道行業，這種夾尚有意義，否則少有參考的價值。遷移與官祿夾僕役，那一階層交往的人和自己的財力會影響事業的運營狀況，這是人力和物力影響事業的倫理，對經營者影響比較明顯，對任職領俸的人影響較小。官祿與福德夾田宅，這是合理並且正確的，事業的狀況和個人精神生活的境界，決定居住的品質和積蓄的盈虛。父母與田宅夾福德是上代遺產的影響，繼承上一代或祖先的遺產（在古代純屬田地）時才有意義，對沒有遺產可得、赤手空拳打天下的人，這種夾毫無意義。命與福德夾父母，對父母是否盡孝，完全是個人的意願，與品德、窮富、事業成就無關，乃是正確的倫理。

由上述淺顯的探討可以了解，吉輔或凶夾，並無普遍性——古代的社會倫理不一定完全適用於今日的工商社會。對本命和行運使用夾來推測吉凶，適用性自有再探討的必要。

命身・五行・紫微星

命宮與身宮一順一逆，都由生月和生時起出，自古以來，月的干支就相當紛亂，夏朝以寅為正月，商朝時寅變成二月，周朝寅改為三月，秦朝的寅則是四月，王莽又把寅改回二月，到了漢朝再恢復寅為正月，唐朝武則天又改寅為三月。斗數沿用夏曆，從寅宮起正月順算到生月，然後從該宮起子時逆算到生時定命宮位；順算到生時，則是身宮所在。一般以為，在年月日時四個時間單位中，「月」和「時」最有特異性，「月」和季節的轉變有密切的關連，「時」和太陽、月亮的明暗有直接的關係，因此最具有時間的特異性者莫過於「月」和「時」，斗數用此二數定出命身二宮，是有重視出生時的季節條件和太陽、月亮光線強弱等理由。持這種看法的人多半受到五行臆說的影響，尤其學八字者最容易認同。事實上，這種想法是片面的，也是膚淺的。若說「時」決定太陽、太陰光線的強弱，那麼「日」對太陰的影響也不小，譬如雲層，而地理條件也比月令、時刻更強，例如台灣七、八月颱風季節裏，看不到陽光、月亮的日子一定不少。

斗數命盤是很繁雜的複式多層次的組合排列，在推算過程中，並非根據命宮的地支就能討論；它的特色是以整體組合的氣勢加以析論，任何人都不能只依一或二宮位或幾顆簡單的星曜談論祿命。我們知道經由「時支」和「月令」擷取命宮的方法，早在中古時代就已確立，雖有種種不同的方式，但用月時立命可視爲一種傳統，因爲年有六十干支，日有三十天，月時卻是十二單位，故月時得以自由組合。斗數把這種傳統引到十二宮的定位，卻不重視命宮在十二支中的意義；命宮的吉凶，全靠宮內的星曜來表現，配以輔星和三方四正整體的氣勢。

除設立命宮爲祿命的樞紐之外，又設身宮，可能有兩個理由，一是斗數盤在數學結構上有著極濃厚的算術遊戲色彩，屬於一種數字遊戲方格，所以命宮、身宮有單純的順逆算法的趣味；一是利用這種算術遊戲做爲祿命的模式時，爲了增加命盤的可塑性而添增的補助宮位。

我之所以這樣猜測，理由也有兩個：

㈠從下面將提到紫微星的配位公式，可以清楚發現使用五行局和生日決定紫微星在十二宮的位置，本質上是一種算術遊戲的格式。

㈡《紫微斗數全書》對命宮、身宮關係的記載相當暖昧，整本古書從頭到尾都只重視命宮，很少涉及身宮，僅有一處關於命、身的論說卻互相矛盾，其中一說，「身吉命凶，亦為美論」，是持身宮輔助命宮不足的論調；但另一說「命弱身強，財源不聚」、「貪武守身無吉命，反不為良」，則是主張身宮並無什麼作用。

有關命身分別各為先天後天的雜論，多係近代人增添的詮釋，並非古書中的方法，因為命盤只有先天類型的意義，根本無所謂後天的環境或意願。

五行局決定紫微星位置以及大限歲數的重要依據，故有追查來源的必要。我們不妨這樣假設，五行是流行於古代社會一種將自然現象分類、歸納的方式，根據天干和地支的組合，依陰陽分別組對成六十個干支，做為五種不同的組合群。

在組合時，天干差數為五（把十干分成兩組五行），地支差數為一（把十二支分成陰陽兩組．表一），可得如下A、B、C、D、E這五種組合群。（表二―六）

第一組（A群，表二）總數最小的整除數是二，每一總數皆可用二的倍數來表現，

陰陽	陽	陰	陽	陰	陽	陰	陽	陰	陽	陰		
天干	甲	乙	丙	丁	戊	己	庚	辛	任	癸		
地支	子	丑	寅	卯	辰	巳	午	未	申	酉	戌	亥
數	1	2	3	4	5	6	7	8	9	10	11	12

（表一）

A群	天干	地支	總數
甲己子丑	(1+6)	(1+2)	10
戊癸寅卯	(5+10)	(3+4)	22
丙辛辰巳	(3+8)	(5+6)	22
丁壬午未	(4+9)	(7+8)	28
乙庚申酉	(2+7)	(9+10)	28
戊癸戌亥	(5+10)	(11+12)	38

（表二）

故稱水二局，水可能是局數二的中文符號。

註：例如甲己年人命宮在子或丑，必爲水二局。

B群，表三，最近似的最小整除數爲三，但十六及三十四兩數各須減一才能成爲了三的整倍數，所以用三來代表這一群數；其中兩個只是近似值，合計差二，這群數是木三局。

註：例如丁壬年人命宮在子或丑，必爲木三局。

C群，表四，最小整除數實爲二，除此之外就以四最近似；

B群	天干	地支	總數
丁壬子丑	(4+9)	(1+2)	16(3×5+1)＊
丙辛寅卯	(3+8)	(3+4)	18(3×6)
甲己辰巳	(1+6)	(5+6)	18(3+6)
乙庚午未	(2+7)	(7+8)	24(3+8)
戊癸申酉	(5+10)	(9+10)	34(3×11+1)＊
丙辛戌亥	(3+8)	(11+12)	24(3×8)

(表三)

C群	天干	地支	總數
戊癸子丑	(5+10)	(1+2)	18(4×4+2)＊
丁壬寅卯	(4+9)	(3+4)	20(4×5)
乙庚辰巳	(2+7)	(5+6)	20(4×5)
丙辛午未	(3+8)	(7+8)	26(4×6+2)＊
甲己申酉	(1+6)	(9+10)	26(4×6+2)＊
丁壬戌亥	(4+9)	(11+12)	36(4×9)

(表四)

註：＊號是表示不能整除者。

D群	天干	地支	總數
丙辛子丑	(3+8)	(1+2)	14(5×3−1) *
乙庚寅卯	(2+7)	(3+4)	16(5×3+1) *
戊癸辰巳	(5+10)	(5+6)	26(5×5+1) *
甲己午未	(1+6)	(7+8)	22(5×4+2) *
丁壬申酉	(4+9)	(9+10)	32(5×6+2) *
乙庚戌亥	(2+7)	(11+12)	32(4×6+2) *

(表五)

E群	天干	地支	總數
乙庚子丑	(2+7)	(1+2)	12(6+2)
甲己寅卯	(1+6)	(3+4)	14(6×2+2) *
丁壬辰巳	(4+9)	(5+6)	24(6×4)
戊癸午未	(5+10)	(7+8)	30(6×5)
丙辛申酉	(3+8)	(9+10)	30(6×5)
甲己戌亥	(1+6)	(11+12)	30(6×5)

(表六)

其中三個數都差二，由於不被四除盡，這群數是金四局。

註：例如戊癸年人命宮在子或丑，必爲金四局。（表五）

D群，表五，這一組數除二、四以外就以五爲最近似的整除數，其實沒有一個數恰爲五的倍數；少於一的有一個，多於一的有兩個，多於二的有三個，這群數稱爲土五局。（表六）

註：例如丙辛年人命宮在子或丑，必爲土五局。

E群，表六，最適當的整除數除了二、五外就是六，只有一個數差二，這群數被歸於火六局。

註：例如乙庚年人命宮在子或丑，必爲火六局。

上述的水木金火土，不過是套用當時流行的五行名稱，五行在斗數並無實質的意義，譬如土五局實際上是四比五更適合，爲了避免重複，也爲了分類區別，只好退而求其次，故用五；然後把那些不能整除的差額反映在紫微星的配置方式上，做爲適當的修正。例如水二局，代表數是二，二爲陰數，由寅宮起一，陰數逆算，故由丑宮起初一（寅爲一，逆算到丑爲二的宮位，做爲水二局日的起始處）；因爲水二局這群數完全可用二的倍數來表現，由丑起初一後，不論單日、雙日，一律順行（順是符合，逆是不符合的意思），每行一宮安置二日（水二局的數）。（表七）

木三局的代表數是三，三爲陽數，故順行計數，以寅宮爲一、卯爲二、辰爲三，故辰宮起初一。木三局數中有四個數恰爲三的整倍數，但有兩個數差一才能成爲整倍數，合計共差二。有四個數是三的整倍數，有兩個數不是，所以木三局紫微星的位置排法單日由辰宮起初一，先逆行二宮安置二日（初三、初五於寅宮），表示有兩個數不符合而且總共相差二，然後順行四宮安一日（初七於午宮），表示有四個數符合三的整倍數，如此反覆。雙日屬陰數，必須逆算，以寅宮爲一、丑爲二、子爲三，故子宮爲木三宮雙日的起始位，逆算時初一變到子宮，因此初二應在丑宮。由丑宮安置初二，先順算四宮安置一個雙日（初四於巳宮），表示四個數爲三的整倍數，再逆算二宮安置二個雙日（初六、初八於卯宮），表示兩個數不符合三的整倍數，總計又差二，如此反覆，就可以把紫微星的位置決定下來。（表八）

金四局爲四的倍數，四是陰數，故須逆算。寅宮起一、丑爲二、子爲三、亥爲四，因此金四局以亥宮起初一。金四局中四的整倍數有三個，不是整倍數者也有三個，所

8 9	10 11	12 13	14 15
30 6 7	水二局 生日和紫微星的位置		16 17
28 4 29 5			18 19
26 2 27 3	1 24 25	22 23	20 21

（表七）

14 4 12	17 7 15	20 10 18	23 13 21
11 1 9	木三局 生日和紫微星的位置		26 16 24
6 8			29 19 27
3 5	2 28	25	22 30

（表八）

以由亥宮順行至丑安初三，初五在卯，但須退三宮表示三個數不符四的整倍數，故安初五於子，然後子作初五順行，初七到寅，由寅作初七則初九在辰，但須退三宮安初九於丑……。如此一順一逆，互相交替，順表示符合，逆表示不符合，可以把金四局奇數（單數）日紫微的星位配置下來。偶數（雙數）寅宮起一，順行時，巳宮爲初一宮，故午爲初二宮位，由此逆行二宮到辰安初二，再由辰爲初二，逆行二宮安初四於寅，由初四（寅宮）順行三宮安初六於巳，再由初六（巳宮）逆行二宮安初八於卯，而由初八卯宮順行三宮安初十於午。這種先逆二宮後再順行三宮的配置，表現這一組數和四的整數倍相差二的數有三個的排列方式。（表九）

土五局的數爲五的倍數，五是陽數，故由寅起一，順算卯爲二、辰爲三、巳爲四、午爲五，在午宮起初一。土五局以五的倍數得其最近似値時，少於一的有一個，多於一的有兩個，多於二的有三個，單日由午宮起初一逆算二宮安置一單數日（初三在辰宮），遇九、十九、二十九則置於寅辰午，照原來午宮起初一，逆行二宮安一單日，即初九應排在戌宮、十九在子、二十九在寅才是正確的。但以戌宮初九移到相隔五宮寅位，子宮十九也移到相隔五宮的辰位，寅宮二十九也移到相隔五宮的午位，似有硬令倒走五宮安置九之數，一方面強調土五局的五，另一方表示以五的整倍數來表現時，總計相差的絕對值爲九的意思。雙日則由亥宮起初二是由寅起一逆算，戌爲五（這是局數位），故由戌起初一，亥宮變成初二，而且土五局的六個數中沒有一個是五的整倍數，順行二宮三次，每次安一雙日，表示多於二的有三個數，寓有總差爲六的意思；再逆行二宮兩次，每次安一雙日，表示多於一的有兩個數，因安置雙日（陰數）故逆算，每次安一雙日又寓有一數少於一的意思。

在所有五行局中，就數土五局的排法最爲零亂，實在不宜以五來代表，勉強的結果，變成沒有一個數是眞正五的整倍數，故表現在紫微星的配位上，顯得較零亂。（表十）

火六局的數爲六的倍數，六爲陰數，逆行計算，由寅起一，故丑爲二、子爲三、亥爲四、戌爲五、酉爲六，故酉宮爲火六局的起始宮位，在酉安初一。這個群數中能以六的整倍數來代表的數有五個，差二的數有一個，因此單數初一在酉，先順行二宮二次（初三在亥，初五在丑），然後逆行三宮一次（初七在戌），每次安一單日；順行二宮二次是因爲只有五個數是六的整倍數，逆行一次表示有一個數不符合六的整倍

19 6 25 16	23 10 29 20	24 14 27 18	28
15 2 21 12	金四局 生日和紫微星的位置		22
17 8 11			26
13 4 7	3 9	5	1 30

（表九）

24 8 20	25 1 29 13	30 6 18	11 13
19 3 27 15	土五局 生日和紫微星的位置		16 28
22 10 14			21
17 5 9	4 12	7	2 26

（表十）

29 10 24	30 2 16	8 22	14 28
23 4 18	火六局 生日和紫微星的位置		1 20
27 12 17			7 26
21 6 11	25 5 15	9 19	3 13

（表十一）

數。由酉起初一，順行二宮則初三在亥、初五在丑，酉和丑間已經相隔五宮了，這種順行表示了五個符合六的整倍數，逆行安一日來表示有一個數並不符六的整倍數。雙數日寅逆算，寅為一、丑為二、未為六，初二當然在午，午宮起初二，先逆行二宮二次（初四在辰、初六在寅），再順行五宮一次（初八在未），每次安置一雙日是差二的數有一個。此外，因為安置陰的雙數日，故逆行二宮兩次來表示差數二以及安置的是雙數，順行五宮一次，表示有五個數是六的整倍數。（表十一）

由上述粗淺的考察，我們似可猜測五行局和紫微星的配置方式，純屬近古的算術遊戲，絕非天星運行的軌跡，當然也沒有星象和人事的神祕關係。然而將這種遊戲演化的格式做為類型的模式，配合星曜的寓意和宮位的倫理觀，來表現人生（精神、肉體和物質）的本質和起伏類型，卻是十分驚人的創意，也是非常秀異的文化。

紫微與天府

紫微星的坐宮決定之後，天府星的位置也變成相關性的確定，這種規定可由下述宮數的關係加以了解——將生月和生時決定命宮的地支狀況全部列出，可得「表一」的關係。

若考察十二個月的月數和時數（子爲1、丑爲2、寅爲3、卯爲4、辰爲5、巳爲6、午爲7、未爲8、申爲9、酉爲10、戌爲11、亥爲12），將各宮月與時的數差作爲宮數，則可發現0在寅、1及11在丑及卯，2及10在子和辰，3及9在巳和亥，4及8在午和戌，5及7在未和酉，6在申宮；可見除寅、申各爲獨自的宮位外，未酉、午戌、巳亥、辰子、卯丑皆爲數的互通位。將紫微和天府配置在可互通的宮位，在宮的數字上是相等的，作爲命格的模式使用時，可增加不同生月生日的人的類同性。夏曆以寅月爲一年的開始，這是一個重要的宮位，在斗數是賦予星的性象特質的原始宮

六五四三二一月 寅丑子亥戌酉時 十十十九八七月 二一 申未午巳辰卯時	六五四三二一月 丑子亥戌酉申時 十十十九八七月 二一 未午巳辰卯寅時	六五四三二一月 子亥戌酉申未時 十十十九八七月 二一 午巳辰卯寅丑時	六五四三二一月 亥戌酉申未午時 十十十九八七月 二一 巳辰卯寅丑子時
數：3，9　巳	數：4，8　午	數：5，7　未	數：6　申
六五四三二一月 卯寅丑子亥戌時 十十十九八七月 二一 酉申未午巳辰時	生月和生時決定命宮的地支位置，十二月和十二時辰的組合，則分配成爲十二地支的位置。		六五四三二一月 戌酉申未午巳時 十十十九八七月 二一 辰卯寅丑子亥時
數：2，10　辰			數：5，7　酉
六五四三二一月 辰卯寅丑子亥時 十十十九八七月 二一 酉申未午巳辰時			六五四三二一月 戌酉申未午巳時 十十十九八七月 二一 卯寅丑子亥戌時
數：1，11　卯			數：4，8　戌
六五三四二一月 巳辰卯寅丑子時 十十十九八七月 二一 亥戌酉申未午時	六五四三二一月 午巳辰卯寅丑時 十十十九八七月 二一 子亥戌酉申未時	六五四三二一月 未午巳辰卯寅時 十十十九八七月 二一 丑子亥戌酉申時	六五四三二一月 申未午巳辰卯時 十十十九八七月 二一 寅丑子亥戌酉時
數：0　寅	數：1，11　丑	數：2，10　子	數：3，9　亥

(表一)

位——寅申在宮數上並不相同，但紫微和天府分別配置於未酉、巳亥、辰子、卯丑時，寅申自動變成紫府同宮之位。就宮數而言，寅是零、是無極、是開始，故紫府在此同位是名正言順的事，在申宮就有點勉強了。紫府以外的南北星斗位置，依照所賦予的意思和性質安置在各對應的十二宮位，因此如前所述，我們似可推測星辰符號的屬性是配合宮位間的倫理，是以紫府坐鎮寅宮作爲命宮發展出來的。這種推測是根據紫府在寅申宮（申爲寅的鏡影位）時，各宮都有主星，而紫府不在寅申宮時，十二宮都會出現兩個以上的空宮（沒有主星）。因此除了紫微星在寅或在其鏡影位的申宮外，星斗和宮位變成沒有直接的對應關係。

從紫府的配位關係看，這也屬於一種古代算術遊戲的模式，宮數相同的兩宮可以互相代替，把寅申的紫府同宮看成一陽一陰之形，平均分配。但由五行局數及出生日的數將紫微星配置在十二宮位中的結果，紫微星出現在十二宮的機會並不均等。「表二」所示，紫微星在子宮出現的頻率最少，在辰宮出現的頻率最高。

如果我們注意紫微星坐宮的鏡影關係（附註），對六種斗數基本主星盤而言，紫微星的在各地支宮配置機會幾乎相等（「表三」）。

紫微星位置與次數	子	丑	寅	卯	辰	巳	午	未	申	酉	戌	亥	計
水二局	2	3	4	4	3	2	2	2	2	2	2	2	30
木三局	1	2	2	2	3	3	3	3	3	3	3	2	30
金四局	1	2	3	3	4	4	4	3	2	1	1	2	30
土五局	1	2	3	3	4	3	4	3	2	2	1	2	30
火六局	2	3	3	3	3	3	3	2	2	2	2	2	30
總計	7	12	15	15	17	15	16	13	11	10	9	10	150

（表二）

紫微在子及午的機會	7＋16＝23
紫微在丑及未的機會	12＋13＝25
紫微在寅及申的機會	15＋11＝26
紫微在卯及酉的機會	15＋10＝25
紫微在辰及戌的機會	17＋ 9＝26
紫微在巳及亥的機會	15＋10＝25

（表三）

換句話說，紫微星在十二宮組成相同的主星格局，機會相當平均。若將紫微在寅申、辰戌的機會各減少一個給予子午，則機會完全相等，這種些微的不完美性，是來自三十（日數）無法給十二（宮數）整除所致。從這種排列可以看出，本質上是一種古代均勻分配的數字遊戲。

【附註】

紫微坐宮有十二種不同的盤，其實一半（六種）爲另一半的鏡影。例如紫微在子和紫微在午的狀況恰爲鏡影關係，兩種盤每一宮的主星格局完全相等。（表四、表五）

太陰 僕役	貪狼 遷移	天同 巨門 疾厄	武曲 天相 財帛
廉貞 天府 官祿	紫微在子		太陽 天梁 子女
田宅			七殺 夫妻
破軍 福德	父母	紫微 命宮	天機 兄弟

(表四)

天機 兄弟	紫微 命宮	父母	破軍 福德
七殺 夫妻	紫微在午		田宅
天梁 太陽 子女			天府 廉貞 官祿
武曲 天相 財帛	天同 巨門 疾厄	貪狼 遷移	太陰 僕役

(表五)

紫微斗數的主星局

一

斗數以十二宮來代表個人的主觀因素，但每一宮的性質必須另有描述的方法，而用來表現該宮特性的符號就是星曜，這些文字式符號依照意義、作用的輕重可分為主星、副星和雜星，斗數就是透過這些符號一方面表現該宮的性質和內容，另方面衡量其間的強弱。每顆主星須先賦予對應於某一宮位的意義，然後才能依照主星和宮位的組合，使宮的意象顯出，所以必須先有原始定義的星和宮互相對應。星和宮對應的關係是以紫微、天府二星在寅為命宮加以定義的，因為除紫府在寅申的配置外，其他的星盤都會出現兩個以上形成空宮，無法定義。元月子時的寅宮當然比元月午時的申宮更直截了當，故定寅為命宮，紫府坐鎮，藉以定義星和宮的對應關係是合理的事。從諸星的配位，還可以藉著十二宮的倫理來演釋星和星間的關係，「圖一」描述的就是這

巨門 田宅宮	天相 廉貞 官祿宮	天梁 僕役宮	七殺 遷移宮
貪狼 福德宮			天同 疾厄宮
太陰 父母宮			武曲 財帛宮
紫微 天府 命宮	天機 兄弟宮	破軍 夫妻宮	太陽 子女宮

(圖一)　斗數主星的原盤配置

種配置。

我們可發現十四顆主星分配在十二宮中，必然多出兩顆——命宮的天府和官祿宮的天相，這兩顆星和遷移宮的七殺，不參加四化。斗數雖講究夾輔對沖及三合的倫理關係，事實上整個命盤的重點仍放在命宮和官祿宮，命宮的紫微星描述表面的「我」，天府星描述裏層的「我」；官祿宮的廉貞是形於外的工作屬性，天相是形於內的工作屬性（有人簡化爲廉貞主武職、天相主文職）。命宮是祿命的重心，無可疑議，但斗數重視官祿甚於其他諸宮，自有時代環境的背景。在封建時代，除非生爲貴族豪門，否則一般庶民出人頭地的途徑就是中舉，然後作官，有官可作，才有財可發，是名利雙收唯一的方法。士農工商的階級牢不能破，士大夫享有財祿美妾，在設計原理上偏重官祿宮是可以理解的。

從圖中我們也可發現，星和宮成爲一體而同義，例如紫府是我（命），七殺爲他（遷移），一內一外，相互對立，也相互對應。紫微好面子、道貌岸然；天府自私、保守安逸；七殺有外向性、積極性，富侵略、開創冒險的性質。血緣的星曜有太陰和太陽，都主直系血親（父母和子女）關係，天機是同胞手足（兄弟姊妹）關係。破軍是配偶關係星，後天和外人的結合，沒有直接的血緣關係。天同和太陰，一爲我的體質，一爲和父母的關係；天機和天梁，一爲手足，一爲外人；破軍和天相，一爲家庭，一爲工作；太陽和巨門，一爲子女，一爲祖先；武曲和貪狼，一爲物質形而下，一爲精神形而上，都是對應關係，但也互有緊密的影響，可能是助力，也可能是阻力。在血緣的格局中有一項不完美的組合，在「父母→子女→疾厄→兄弟」的關係中，從疾厄宮看是和兄弟、父母、田宅成爲一個格局；若把田宅視爲祖先的關係宮位（古代土地是受封而得，世襲的財產），這個格局尚有倫理的根據，把體質從隔代或間代遺傳的可能性加以考慮，所以田宅的影響也是合理的。但是無論從父母或兄弟、子女爲主的角度看，三方四正都有外人（僕役宮）的因素參與，這是極端不合理的現象。

這也許就是斗數的不完美性，顯示斗數只是針對個人而設計，絕不能在命盤上推測六親的榮枯。

不少斗數名家以命盤的子女宮做爲子女的命宮，推論子女個別的吉凶，甚至更惡質的是以子女宮恰好爲僕役宮的官祿宮，因此運用子女宮來判別合夥事業的吉凶。這種借宮法完全無視斗數的倫理與邏輯。基本上，不管和自己有無血緣關係，都有他獨立的祿命，斗數只能討論當事人作爲主體的事項；頂多再談他和血親或朋友的情緣，無論如何不能在命盤上討論別人的狀況。過度引伸，無限地膨脹祿命法的萬能當然是錯誤的。

二

天機是同胞手足，內部的關係；天梁是朋友關係，可引伸爲服務、圖利他人的作用。破軍在古代被視爲破耗、情緒不穩、神經質、任性的表徵，這些觀念都是大男人沙文主義的遺毒。封建時代舊禮教制度對女性的歧視極重，女人只是男人的附屬品、性的玩具，只會耗費，情緒不定，不可理喩，甚至連主張「有教無類」的孔聖人都大嘆「唯女子與小人難養也」。破軍和官祿星廉貞、天相對沖，是認爲女性會妨礙男人的事業，公事絕對不能聽婦人之言。這些舊社會的歧視觀念早已不合時宜，女性的才能被重新評價，女強人、女知識分子的人口也大大地增多，太太幫助先生創業，太太的事業成就超過先生的，不勝枚舉。視廉貞遇破軍爲敗局的古典斗數，實有再斟酌的必要。

太陽和巨門相對，在古代，子孫繼承祖產，長孫要分一份較大的遺產。從子女宮位看三方諸宮，有我的朋友宮（僕役宮），有人說這是「父德蔭子」的古代倫理——我施恩於朋友，朋友還恩於我的子女，在封建社會裏，這種人情義理被視爲理所當然的美德，父債子還也不罕見。但我認爲子女宮並不代表我的子女，而是我和子女的關係。上述「父德蔭子」的論調，別說在今日現實的社會不能視爲當然，就是在古代也未必成爲眞理。一般而言，這種情形不是完全沒有，卻非常規，通常只限於父親在世，對朋友還有影響力時，孩子才能獲得父執輩的助力；父親已亡，或已失去影響力，這種助力就很難期待。清朝發生了一則著名的故事，某知府晚上聽到巡撫家中傳出喪事，以爲巡撫的家屬死了，半夜趕緊備辦厚奠，親自押送，表示慰問。半途中得到情報，死者正是巡撫大人，於是向後轉，打道回府。屬下問他爲什麼不去了，他說：「巡撫死了，去幹什麼？」這個故事似在諷嘲人間冷暖，實際上是露骨地描述官場那種爾虞我詐的習慣。我們很難相信像斗數這種功利價值觀濃厚的祿命法，創設者竟然設計了連他自己都不敢期待的倫理。

武曲是財星，現實、形而下的性質，與感性、詩情畫意層面的貪狼是相對的，兩者互爲消長，用來描述理性和感性的衝突矛盾。古賦說「貪武同行，不發少年人」，因爲命坐貪狼、武曲，年輕時感性強、理想化，必然挫折多多，等到年過三十，理性佔了優勢，才有所成就。

三

一般常說「殺破狼局」，其實七殺、破軍、貪狼，各以哪棵星爲主，意象完全不同。七殺有侵略性，自我意識過剩，有不服輸、勇往直前的衝勁。武曲較短視、好近利，商業色彩過重，不喜長久打算，缺少理想，行動超過思慮的性質；若不會合昌曲、魁鉞增加知性的成分，學歷不可能太高。破軍自私、任性，有情緒衝動、不計後果的果敢性，也易馬虎和不拘小節。

天同主疾厄，人生免不了受傷生病，天同有抗病、修補的意義，引伸爲服務、加工、改良。天同和太陰雖處於相對的宮位，實際上看不出沖剋的關係，在命盤中，不論主星如何變化，同陰恆在三方四正的關係內（若非同宮、對沖，就是三合）。就原始宮位而言，疾厄來自父母的體質，同陰並沒有拮抗對立的關係，這和其他宮位所具有的對沖性，有吉助也可有凶殘的關係有點不同，因爲體質是承受自父母的遺傳，不可能反過來對父母關係產生實質的影響。父母宮本質上是描述自己和父母的關係，體質的好壞不可能是直接影響自己和父母的關係，因為天生畸型、殘障或低能的人，多數不會憎恨他的父母。

七殺是遷移星，七殺在命，必與天府對照（遷移宮內），這是星曜顛倒宮位的狀況，自我的天府星跑到外面，外面的七殺星反而變成自我，所以引伸成七殺坐命，背井離鄉，赤手空拳，闖蕩天下，這種人非常外向四海，格局好是領首人才，格局壞是「兄弟型」的江湖人物。天梁是僕役之星，古稱「蔭」，就是圖利他人、服務別人、做人幫手。天梁坐命變成忠實得力的朋友，樂於助人，格局好時，服務貢獻獲得回報，自己也分享利益，格局不好，就會漂蕩窮忙，古賦說「飄蓬之客」，指的究是置己事不顧，只顧別人事，整天為人忙碌而沒什麼成就。

廉貞為正官星，主好面子、責任感、決斷力；天相為副官星，有成為副手或重要幹部的才能。廉貞坐命不願受人指揮，除非自己願意，否則別人是指揮不了他的。此星也愛慕虛榮，自我意識強烈，古書又稱「次桃花」。天相本質上有輔助別人、幫下奉上的特質，格局不好，也會是很好的幫手，但頗有個性；與煞忌會，更為明顯。在命盤上，只有七殺廉貞同宮時，廉相才不會合，否則廉相在三方四正會照，何者為主、何者爲副？何者主動、何者被動？自然意象不同。這類佳構必須加以破壞變化，不然無法描述現實環境中許多懷才不遇或困守的實況。斗數除用擎羊（刑囚夾印）和化忌來變化外，尙用火鈴、空劫。廉殺相遇，主觀極強、開創力大、自以爲是、敢做敢爲，格局好是野戰軍團的指揮官，能從困境中殺出一條生路，反敗爲勝。古賦說「七殺廉貞，反爲積富」，就是描述這種特質。格局不好，極易發生因爲疏忽引起的意外災變，故古賦又說，「七殺廉貞同位，路上埋屍」，格局平凡則是「廉貞七殺，流浪天涯」。

四

巨門爲田宅主星，但巨門被視爲是非口舌、糾紛、煩惱之星，顯然從分配祖產的紛爭而來的倫理，歷代以來，分產常成骨肉相殘的導火線。古代主要的財產是土地（不動產），「有土斯有財」，農業社會最寶貴的生財工具就是土地，土地卻爲糾紛的原因。在斗數命盤上，巨門和太陽居相沖對立之位，因爲太陽爲子女星。

貪狼主福德，相關屬性是感性、詩情、享受、美化、幻想、浪漫、品味；它是形而上的，超越物質層面的精神生活，這種特質有很大的時代文化及個人層次的變動性。貪狼在古代被視爲桃花星，評價極低，那是物資缺乏的落伍社會偏重形而下的一種價值觀，對形而上的價值如藝術、智慧自然缺乏鑑賞力。格局壞時，人較易流於本能的樂趣，格局好時，才具有高雅的藝術、文學氣質。昌貪及曲貪有著濃厚的理想主義色彩，比較不易向現實低頭，古人視爲不吉。

父母和子女分別用太陰和太陽來表現，可能是寓意過去和未來，月落和日升，以「我」來貫穿，承先啓後的倫理觀念。奇怪的是，太陰被配置在日出宮（卯），太陽卻配置在午夜宮（亥）。我們發現其實這只是利用文字符號來表現某些事物的性質，並不意味天文學上日月的實質意義。賦文有「日月最嫌反背」一句，似指太陽、太陰化忌不吉，非指坐宮的地支所代表的時間觀念。有些人採用生時觀察太陽、生日觀察太陰是否有輝，恐怕也是一種主觀的臆測，係受天上星象決定宿命的觀念誤導的結果。

事實上，斗數使用的主星、副星及雜星，多數源自古代的堪輿、《史記》〈天官書〉中的名詞，以及中古時代（隋、唐）天文學上的星宿，此外也有不少無中生有的神煞；這和我們計算應用問題，任意取用X、Y、Z、U、V、W等變數，以及a、b、c、d等常數或α、β、γ、δ、ε等參數來立方程式的手法，並無兩樣。這些星曜絕非實星，在十二宮中的配置純屬代數學的原理，不是依照天文學實星的運轉軌道。上古時代有一段時間，天文學和占星學混成一家，紫微斗數顯然找不到這種連體關係的痕跡；它的結構一開始就是文字形式的代數方程式，利用星曜作爲表現某些特性的符號，配合十二宮的倫理關係，描述各種人生的類型。這是斗數之所以異於其他星命術數，稱得上具有科學水準內容的特質。

五

有些玩研者誤會說，「某一星曜代表什麼人事物，是來自觀察統計歸納的結果」，其實在斗數結構中，須先定義某一星曜在十二宮中屬於什麼（x代表什麼、y代表什麼），然後才能運用星宮之間的配合，表現一個人的條件，因此它不是歸納的結果，而是定義。例如武曲原始意義代表財帛宮的物質、財富，其意識形態是形而下的，但是武曲在某些人的命盤上並不居於財帛宮，而是居於父母宮或官祿宮，此時，就用武曲的原始意義（原先定義的性質），來表現此人和父母的關係（假設武曲在父母宮）、處事的心態（假設武曲在官祿宮），以及缺乏情愛、現實短慮、急功近利等等特性。很多人誤會武曲是財星，命盤排出，先看財星落於何方。財星五行屬金，落於屬火的宮位則凶（金受火剋），也有人不管財星居何宮，只要武曲受煞忌衝擊，必斷破財、敗財，毫無例外——武曲遇壬化忌，因此壬年一到，大家都要小心翼翼。清代的人更是異想天開，發明太陽代表父親、太陰代表母親，此二星居陷宮或遇煞沖破，夜生人主父先亡、晝生人主母先棄，完全不考慮父母有他們自己的祿命，命運榮枯與子女的命盤毫無關係。

星宮關係從「圖一」的原型開始變化，例如天府從命宮移到遷移宮，遷移宮的七殺星則坐到命宮來。十二宮的相互關係是固定的，星曜卻隨著個人條件而有配位的不同，如此一來，好像星曜在固定的宮位中飛來飛去，變化位置，於是有人將它稱為「飛星斗數」。星曜飛到別的宮位時，也把原盤的性質（被定義的意義）賦給新的宮位，例如七殺本來是遷移宮星，有向外發展、積極性、開創冒險的性質，如今坐到命宮，天府則配於遷移宮，那麼就變成內外顚倒，顯示反而具有外向特性、冒險犯難的個性；天梁本是僕役宮的星，也是朋友、部屬星，天梁坐命，反賓為主，就有助人為樂的個性。這種類型的表現方法就算科學昌明的現代，也不能說是不合理的；簡而言之，斗數是一種文字式的多變數方程式，用來表現古人所觀察、所歸納的人生類型的學術。

那些副星和雜星

在十二宮中配置十四顆主星來表示各宮的內涵，由於表現的範圍相當有限，爲了讓表現力更大、範圍更廣，因而使用副星和雜星。

副星和雜星的作用是補助、增添，或修飾主星所顯現的涵意的符號，其中羊陀表現創意、變化、革新、衝勁；空劫和化忌分別表現靈變、抽象思維、幻想、求變，這種一進一退、忽東忽西、迂迴變化的性質，利於學術、藝術、文學、創新，惟不利經商求利；這些特性，將因工作的性質是否適合而產生吉凶。一般而言，火鈴、羊陀、空劫以及化忌，對於自由業包括特殊技術、藝術文學爲適性，對固定工作及一般買賣業並非合適；非合適則勞多獲少，難以發展。煞忌星在命的人最宜擁有專長，發揮個人才識的自由業，不宜等因奉此的公教工作，所以在古時，火鈴羊陀空劫忌皆被視爲凶星。在封建社會中，只有科舉官途主貴，這種單元性的價值觀環境，火鈴羊陀空劫化忌被視爲賤格。反之，輔弼昌曲魁鉞含有文靜、溫和、保守、聰明、合群的特性，雖缺少創造力及技術能力，但具有循規蹈矩的特長，是作官最適合的素質，因而被視爲貴吉的象徵。

天姚、紅鸞、咸池都是魅力的符號，古稱桃花星，表現在對異性的吸引力。美不美看火鈴、魁鉞，異性的吸引力則看桃花星。天姚被視爲較野性的吸引力，紅鸞爲氣質性的魅力，咸池爲浪漫的魅力。孤辰、寡宿、天刑、華蓋具有與桃花星相反的性質，屬於冷漠，潔癖、自愛、不易親近；其中孤辰、寡宿是親屬間的冷淡，天刑、華蓋是和他人間的冷寞、自私、距離感。

火鈴羊陀空劫化忌，以及孤辰、寡宿一這些星斗進入六親宮或命宮，造成自我中心的偏向，是容易了解的倫理。

祿存是保守性強的星曜，祿存獨坐，難以發揮優點，反而有強烈的保守性、受壓制性，若會照其他的吉化（祿、權、科），則易發揮穩定的優點。祿遇化忌，從有變無，是一種變化，在商而言，由好變爲壞，所以是「吉處藏凶」。祿遇空劫，祿的優點就打折扣；如果祿在本宮，空劫在三方，就會受到外界因素之影響而產生挫敗或損失。天馬主動，天馬坐命、坐福德，都表示此人生性好動、不耐靜，衝力活力足夠但韌性耐性缺乏。天馬遇祿，外緣良好，動而有成，故稱爲「祿馬交馳」；天馬遇空劫，多做多錯，多勞少功，故稱爲「馬落空亡」。這些都是斗數使用的論理形式。

《紫微斗數全書》中尚有許多年干星、年支星、生月星、生日星、年支神煞、時支神煞、博士十二星，以及十二長生等雜星，使得命盤上排列一百數十個，眞是繁星滿天。然而除少數雜星仍然有點格局上的補助意義之外，多半沒有什麼作用的神煞，過分重視這些雜星，是不合理的。

神祕的四化

一

十干四化相當於子平的「用神」，因爲四化的文字意象極爲淺顯，容易「附會」沒有吉凶但竟然發生的事實，變成惡性膨脹的方法。有人使用各宮自化，有人發明四化追蹤的遊戲，有人甚至用四化來預言新的一年國內外大事，無不把四化當做宇宙間神奇的力量，每十年或每一年對地球作用一次。此外有人使用男女朋友的生年干化到本人命盤，觀看彼此的感情關係；也有人用子女的生年干化到父母的命盤，察看父子、母女間的緣分關係，可說已到無所不化、泛濫成災的程度。

表面上看，天干四化扮演著修正、變化主星的功用，好像利用十進法來變化配置於命宮三方四正的星性方式，但四化並不限於紫微和天府兩系的星辰，而是動到主星以外的月星（輔、弼）和時星（昌、曲），令人覺得四化必是一種具有相當統計背景的經驗精神。我們也容易以為「假若斗數只靠空洞的倫理演繹，四化的範圍應該侷限於十四顆主星，而不可能超出紫府兩系的主星之外」。這種看法仍然似是而非，因為古賦也有不少矛盾的記載，例如：

「化祿還為好，休向墓中藏。」

「諸星在廟旺地化忌不忌。」

「水命人逢化忌不忌。」

「巨門在辰化忌，辛人反佳（辛人巨門化祿，可能造成忌祿轉換）。」

「巨機酉上化吉者，縱有財宮也不終。」

「太陽守命落陷，勞心費力，雖化權祿亦凶。」

不管四化的規則是對是錯，重要的是我們無法找到規則的根據。十進法本身只是一種計數法，在宇宙現象或人類生理、心理功能上，至今尚無每十年一個變化周期的佐證，所以十干四化並非具有什麼根據的法則。

比較合理的解釋是，四化並非太古時代的超人智慧或外星人走訪地球時偷偷透露的宇宙神秘法則，它極可能是來自近古近似分配的數學格式。

化祿和化權只限七殺、天相、天府以外的十一顆星曜，其中紫微不化祿而只化權，廉貞化祿而不化權。奇怪的是，一百四十四種命格（任一宮位作爲命宮時的三方四正），除極少數（二十種）有很少（只差一個）的差異外，絕大多數（一百二十四種）命格所得會照的化祿和化權總和數目竟然完全相等。若計算不同的命宮間各自會照的化祿和化權的數目，各命宮之間多不相同，有的宮位可會照到五個化祿和五個化權，有些宮只能照到一個化祿和一個化權，各宮之間的分配，顯然不均。糾正這種偏異性，只好借用化科和化忌來平衡——化科和化忌自然不能限用排置已固定的主星，勢必動用可以改變排位的副星。依照四化的規則使用輔弼（化科）、昌曲（化科、化忌），將輔弼、昌曲由辰戌二宮隨著紫微從寅宮移前或移後的宮位數來配置，算出以各宮爲主，所能會照到的［化忌次數］／［化祿＋化權＋化科的次數］的比值，可以發現這個比值在一百四十四種宮的格局的分佈相當均勻，只有在很近似的範圍內有些小差異。

二

上述的觀察結果，可供我們提出一個逆推的假說，就是四化的分配，很可能是推求：

㈠每一命格（三合四正）會照的化祿及化權數相均等。

㈡每一宮所會照［化忌／化吉］的比值盡可能均等。

四化的規則可能就是能滿足上述二條件的結果。

從結果觀之，㈠題的要求雖非完全解，但對天府、天相及七殺以外十一顆主星化祿、化權的分配結果，獲得極近似的佳解；㈡題的解就相當困難，因爲理論值爲 0.333（三分之一）。雖然動用輔弼、昌曲的移位加以補救，將對宮星曜借來作爲空宮主星計算時，以影響力減半計算（圖中以括弧附註者），勉強可得離理論值不遠的近似分配，總平均±（正負）標準偏差爲 0.3365±0.0325，變動係數不過是 9.66%而已。因爲紫微在子和在午是互爲鏡影的，星辰關係不變，格局也同，所以只列出六個盤例供做參閱（圖一～圖六）。

在近似平均分配中仍然有些小差異，皆以 0.333 爲中央值向上及向下偏差少許。例如天梁在子午、丑未，巳亥；梁同在寅申；天機在子午；太陰在卯酉、辰戌，機陰在寅申；陰陽在丑未；機梁在辰戌，其［化忌／化吉］比值皆略小於 0.3，故化吉會照的

太陰 化祿4 化權4 0.341 巳	貪狼 化祿2 化權3 0.361 午	天同 巨門 化祿3 化權3 0.364 未	武曲 天相 化祿3 化權3 0.368 申
廉貞 天府 化祿2 化權2 0.389 辰			太陽 天梁 化祿3 化權3 0.326 酉
化祿5 化權5 0.375 卯	0.365±0.030 (平均值±標準偏差)		七殺 化祿3 化權2 0.353 戌
破軍 左輔 文曲 化祿3 化權3 0.351 寅	化祿5 化權5 0.349 丑	紫微 右弼 文昌 化祿3 化權3 0.359 子	天機 化祿4 化權4 0.444 亥

(圖一)

廉貞 貪狼 化祿4 化權4 0.366 巳	巨門 化祿3(2) 化權3(2) 0.326 午	天相 化祿1(2) 化權2(1) 0.389 未	天同 天梁 化祿4 化權4 0.286 申
太陰 化祿5 化權5 0.287 辰			武曲 七殺 化祿4 化權4 0.323 酉
天府 左輔 文曲 化祿1(2) 化權1(1) 0.405 卯	0.337±0.043 (平均值±標準偏差)		太陽 化祿3(2) 化權3(2) 0.326 戌
化祿4 化權4 0.317 寅	紫微 破軍 化祿4 化權4 0.322 丑	天機 化祿5 化權5 0.293 子	右弼 文昌 化祿2 化權1 0.405 亥

(圖二)

巨門 化祿4 化權4 0.342 巳	廉門 天相 化祿3 化權3 0.378 午	天梁 化祿4 化權2(1) 0.273 未	七殺 化祿2 化權3 0.353 申
貪狼 左輔 文曲 化祿3 化權3 0.368 辰			天同 化祿4 化權4 0.342 酉
太陰 化祿4 化權4 0.289 卯	0.335±0.032 (平均±標準偏差)		武曲 右弼 文昌 化祿3 化權3 0.366 戌
紫微 天府 化祿2 化權2 0.342 寅	天機 化祿4 化權4 0.333 丑	破軍 化祿3 化權4 0.333 子	太陽 化祿4 化權4 0.302 亥

(圖三)

天相 左輔 文曲 化祿3(1) 化權2(2) 0.351 巳	天梁 化祿5 化權5 0.277 午	廉貞 七殺 化祿4 化權4 0.346 未	化祿4 化權4 0.337 申
巨門 化祿3(2) 化權3(2) 0.344 辰	0.329±0.024 (平均值±標準偏差)		右弼 文昌 化祿1 化權2 0.351 酉
紫微 貪狼 化祿4 化權4 0.333 卯			天同 化祿5 化權5 0.313 戌
天機 太陰 化祿4 化權4 0.294 寅	天府 化祿1(1) 化權0(2) 0.343 丑	太陽 化祿3(2) 化權3(2) 0.344 子	武曲 破軍 化祿4 化權4 0.315 亥

(圖四)

天梁 化祿4(2) 化權4(2) 0.275 巳	七殺 左輔 文曲 化祿3 化權3 0.361 午	化祿5 化權5 0.337 未	廉貞 右弼 文昌 化祿3 化權3 0.359 申
紫微 天相 化祿3 化權3 0.316 辰			化祿5 化權5 0.292 酉
天機 巨門 化祿3(2) 化權3(2) 0.327 卯	0.328±0.030 (平均值±標準偏差)		破軍 化祿2 化權3 0.333 戌
貪狼 化祿3 化權2 0.333 寅	太陽 太陰 化祿3(2) 化權3(2) 0.294 丑	武曲 天府 化祿2 化權2 0.333 子	天同 化祿4(2) 化權4(2) 0.378 亥

(圖五)

化祿4 化權4 紫微 七殺 0.329 巳	化祿4(2) 化祿4(2) 0.320 午	化祿2 化權2 文曲 文昌 右弼 左輔 0.353 未	化祿6 化權6 0.306 申
化祿4(2) 化權4(2) 天機 天梁 0.298 辰			化祿4 化權4 廉貞 破軍 0.311 酉
化祿2(4) 化權1(4) 天相 0.338 卯			化祿4(2) 化權4(2) 0.320 戌
化祿2(4) 化權2(4) 太陽 巨門 0.327 寅	化祿4 化權4 武曲 貪狼 0.349 丑	化祿4(2) 化權4(2) 天同 太陰 0.307 子	化祿0(2) 化權1(2) 天府 0.337 亥

（center）0.325±0.017（平均值±標準偏差）

（圖六）

機率稍大。反之，天府在卯酉、天機在巳亥的「化忌／化吉」比值皆略大於 0.4，故化忌會照的機率稍大。主星盤一百四十四個宮位中有二十四個宮沒有主星，其中十個宮「化忌／化吉」的比值略小於 0.333（理論值），而有十四個宮位的比值略大於 0.333。因此空宮較爲不利，但並非想像中那麼壞。從這些分析我們可以依稀看出，古賦中有些依照星辰在地支宮位論斷吉凶的依據，例如子午天梁「爲蔭星入廟，官資清顯」；機梁會合「善談兵」、「居戌亦爲美論」；日月在未命坐丑「侯伯之材」以及天機巳宮「好飲、離宗」等等。

從上述的考察可知，紫微在寅申這兩張星盤的未宮或丑宮「化忌／化吉」的比值略小(0.273)，構成「日卯月亥安命未宮多折桂，日巳月酉命丑宮命步蟾宮」的佳局，紫微在子或午的星盤中，除天機在亥宮或巳宮「化忌／化吉」最大(0.444)，構成「天機巳亥逢，好飲離宗奸狡重」凶局外，大致上說，各宮在一百四十四個主星盤上分配到的「化忌／化吉」比值，沒有很大的差異，而是相當均勻的。根據這種分配方式，似乎可以推測，四化是一種數學題的平均分配解，實非宇宙大奧祕。進一步推論，哪一顆星斗化祿、化權、化科、化忌，其實並無本質上的意義——那是我們認爲這種格式代表某種人生類型後才產生的。換言之，我們可以領會，斗數的形式來自南宋以後的數學遊戲的格式，而斗數具有推算命運的功能，全是後人將各種人生類型的考察經驗和倫理，套入這種模式的結果。從《陳希夷紫微斗數全集》的賦文和現代人依生時開命例的經驗，發現「化祿不一定好，化忌不一定壞」的事實，可以佐證這種推論；這一點認知，非常重要。

三

斗數所提供的是一種類型模式(pattern model)，它的意義是經由許多類似的人生歷程代入之後才呈顯出來的，正如代數中的「對數函數」(logarithmic function)——假如將細菌的死滅速率資料代入，就變成描述細菌在某種條件下存活數的計算法；假如將體內藥物的量的遞減資料代入，就變成描述體內藥物殘留量的計算法。祿命的類型借用斗數格式來描述時，須將一些過去的事蹟放入，才能了解這種格式描述的是什麼內涵。

斗數主星盤只有六種並構成七十二組命格類型，實在難以描述各式各樣的人生形態，所以要用副星、雜星以及四化來變化，分化成更多的格式。除此之外，還用兩種變化來增加格式的複雜性，一種是廟旺平陷，把同一星辰依位置來區分強弱；另外一種是利用三方四正的格局，賦予特殊的意義。斗數推命重視的是格局，因爲格局表現整體的力量。〈斗數骨髓賦〉說，「在人則有格局；先明格局，次看吉凶」，又說「天同戌宮爲反背，丁人化吉主大貴；巨門辰戌爲陷地，辛人化吉祿崢嶸」，這些論說有格局優於四化，四化又優於廟陷之意。斗數處處可見代數學的想法和手法，利用「變數」的增加，以及「變數組合」的運用來描述一些經驗和倫理；可惜的是，這種相當優異的構造因爲被「出生時間決定宿命」的傳統所誤導，陷入極爲詭祕的「僞科學」死胡同。

有關天干四化的規則，除了《紫微斗數全書》和《陳希夷紫微斗數全集》的古法外，尚有《斗數宣微》及種種近代人的主張，其中庚的四化爭議最多，現在我試用命盤，檢視那些雜說誰比較合理。下面標示的是元月子時、紫府在寅的命盤，因爲此時昌曲、輔弼都在原起始宮位。檢視的方法有兩種：

㈠各宮爲主時的格局的「化忌／化吉」比值的分配均勻度，可用變動係數(coefficient of variation 即 CV 值)表現出來‥變動係數愈大，分配愈不平均，分配愈不平均則違反斗數均勻分配的設計原理。

㈡各化忌／化吉比值和理想分配值爲 0.333 之差的平方和(SS)，這項偏差平方和愈大，分配偏離理想值就愈遠‥就均勻分配而言，是愈不良的近似解。

圖七是古法之庚干四化‥

㈠ x_i（i＝子……亥）表示各宮的化忌／化吉比值。

㈡平均值±標準偏差＝0.337±0.071，故變動係數CV值爲21%（最小）。

㈢平方和（表示和理想值 0.333 的總偏差度）

$$SS=\sum_{i=子}^{亥}(0.333-X_i)^2=0.054$$（最小）。

圖八是新法之庚干四化‥

㈠ x_i（i＝子……亥）表示各宮的化忌／化吉比值。

㈡平均值±標準偏差＝0.337±0.076，故變動係數CV值爲 22.8%（次小）。

巨門 0.444	廉貞 天相 0.3	天梁 0.25	七殺 0.25
貪狼 文曲 左輔 0.364	古法 陽武陰同		天同 0.364
太陰 0.273			武曲 文昌 右弼 0.417
紫微 天府 0.375	天機 0.3	破軍 0.429	太陽 0.273

(圖七)

巨門 0.3	廉貞 天相 0.273	天梁 0.364	七殺 0.25
貪狼 文曲 左輔 0.364	新法 陽武同陰		天同 0.364
太陰 0.273			武曲 文昌 右弼 0.417
紫微 天府 0.375	天機 0.182	破軍 0.429	太陽 0.4

(圖八)

巨門 0.4	廉貞 天相 0.273	天梁 0.25	七殺 0.222
貪狼 文曲 左輔 0.444	斗數宣微 戊貪陰陽機 庚陽武府同 壬梁紫府武		天同 0.4
太陰 0.273			武曲 文昌 右弼 0.333
紫微 天府 0.333	天機 0.3	破軍 0.5	太陽 0.273

(圖九)

㈢平方和（表示和理想值 0.333 的總偏差度）

$SS=\sum_{i=子}^{亥}(0.333-X_i)^2=0.0634$（次小）。

圖九是斗數宣微一書之庚干四化：

㈠ x_i（i＝子……亥）表示各宮的化忌／化吉比值。

㈡平均值±標準偏差＝0.337±0.085，故變動係數CV值爲 25.6%（第三小）。

㈢平方和（表示和理想值 0.333 的總偏差度）

$SS=\sum_{i=子}^{亥}(0.333-X_i)^2=0.0803$（第三小）。

圖十是某專家獨創之庚干四化：

㈠ X_i（i＝子……亥）表示各宮的化忌／化吉比值。

㈡平均值±標準偏差＝0.336±0.113，故變動係數CV值爲 33.6%（最大）。

㈢平方和（表示和理想值 0.333 的總偏差度）

$SS=\sum_{i=子}^{亥}(0.333-X_i)^2=0.141$（最大）。

四

巨門 0.333	廉貞 天相 0.364	天梁 0.273	七殺 0.222
貪狼 文曲 左輔 0.364	某專家 陽武府相		天同 0.3
太陰 0.2			武曲 文昌 右弼 0.462
紫微 天府 0.444	天機 0.2	破軍 0.571	太陽 0.3

(圖十)

檢視結果，不論從變動係數或者偏差平方和看，四化仍以《陳希夷紫微斗數全集》所載的古法（陽武陰同）最優，陽武同陰爲次，《斗數宣微》再次，某專家提供的陽武府相最壞。

此外，「忌星追蹤法」所犯的錯誤就是遊戲導致的變化，命盤十二宮的天干其實只有五種不同配置，參與化忌的只有八顆，如果排除昌曲這兩顆副星，剩下六顆，也就是說，如果注意忌星追蹤是在極少數的類型中走相當固定的路線，那麼就會發覺這種簡陋的推測方式，不能具有什麼意義。

推測技術不是不可以發明，但需要立論的依據和論理的系統，絕不能單靠胡思亂想，異想天開，一廂情願，而是條理的思考，才不致掉落魔術遊戲的陷阱。了解這種現代知識的本質，當會發現許多世俗所讚譽的祕訣、古傳，其實只是缺乏邏輯觀念和科學原理的自我意識。有一點我們必須認清，斗數使用十干四化，不過是爲了更清楚、更多樣地描述星曜所組合的命格特性（類型的差異）；十干四化並非宇宙間神奇的力量。

傳統斗數的謬誤

一

從近古到現代流傳的斗數祿命法，若從現代科學的角度加以評判，至少可以指出犯了五種致命性嚴重的錯誤：

㈠沿用古人「假設出生時間決定宿命」的錯誤。
㈡使用封建時代、農業社會和科舉制度下落伍文明的價值觀來規範吉凶。
㈢摻雜許多不同倫理體系的星命雜術，並加以混亂使用。
㈣誤認命運決定一切人生的遭遇。
㈤將斗數的方法作盲目的、非理性的膨脹，變成好玩的猜謎遊戲。

第一種堪稱致命性大錯誤，我想用比較深入的方式作廣泛而淺明的評判。古人是以六十年做為一代人生，根據生時來集計、比對起伏週期的類型，〈斗數總訣〉說：「不依五星要過節，只論年月日時生」，開宗明義，就宣示了這個依據。古代曆法和計時方法很不精密，所以又特別註明「不準但用三時斷，時有誤差不可憑」，「若是生時準確者，禍福何有不準乎」的記載。所以在〈骨髓賦註解〉中另有「身命定要精求，恐差分數」、「欲安身命，先辨時辰」這樣的說詞；〈斗數發微論〉最後一句保證說，「後學者執此推詳，萬無一失」。整本《紫微斗數全書》幾乎不斷地強調「若……斷……」、「若……定……」、「若……必……」，足以證明不論直接或者間接，無不認定出生時間若是準確，非註定如此這般不可。直到現在，絕大多數玩研命理的人都誤以爲「出生時間決定宿命」是不可質疑的眞理法則。有些人附會這種神話，主張出生之時，各種星球對他所投射的電磁波、不知名的「線」、出生地的「地氣」(不知是指什麼)，決定了他一生的富貴貧賤。身爲現代人，思想知識仍然停留在兩千年前的水平，仍然停頓在西元八二～八三年王充所著〈命義篇〉的迷思。王充著《論衡》，其中一篇論文爲〈命義篇〉，本義是在斥責漢朝盛行的陰陽讖緯說的荒謬。他說：

至於富貴所稟，猶性所稟之氣，得衆星之精，衆星在天，天有其象，得富貴象則富貴，得貧賤象則貧賤，故曰在天。

他又極力主張：

富貴壽夭，皆在初稟之時，不在長大之後，也和道德操行無關。

此處的「初稟」一詞，若以現代醫學常識加以註識，應指精蟲和卵子在輸卵管中結合，發生染色體組合的一剎那時間，而非出生時間。當然，除非是試管嬰兒，否則授精時間無從得知。王充的本意是利用當時屬於先進知識的天文學，以天上星象決定地上人命的論調來反駁讖緯說的荒謬，想不到反而變成後世命理以「出生時間決定宿命」的謬論基礎。我們不能以此責怪王充，必須責怪近兩千年來的後代的人，因爲這些盲從、泥古的後人缺乏批判質疑的精神，和提升知識的品質與典範(paradigm)的努力。

「出生時間決定宿命」的主張不必說提不出任何可靠的論據，甚至連最淺顯的邏輯常識的考驗都經不起。例如：

㈠一個人的生命是始自授精而非出生。父母的基因決定天賦，所以父母不同，只有同一時間授精或同一時間出生的條件，絕對不可能有相同的人生要素。況且同一時間授精，也不會在同一時間出生。現在的科技已可使同時授精的雙胞胎，相隔十八個月的時間先後出生（一九八七年四月二十三日美聯社從倫敦發稿）。這些事實都在說明

「出生時間決定宿命」的無稽與荒誕。再進一步說，人類的精蟲和卵子的染色體各有二十三條，其中一條是性染色體，其餘的爲體染色體，卵內的性染色體只有x染色體，但精蟲則有〔x〕〔y〕兩種，x—〔x〕成爲女孩，x—〔y〕成爲男孩。精蟲與卵子中所含的遺傳基因在授精後相互組合而決定此一人的特性，因爲卵和精蟲的基因可能會有許多種不同組合的機會，所以兄弟姊妹間也就有特性的差異。雙胞胎的形成有兩種情形，一種是由一個授精卵分裂爲兩個同卵雙胞胎，另一種是兩個卵同時和兩個各別的精蟲結合而成爲異卵雙胞胎。雖然下一代從父母的遺傳獲得各種特性，但這些天賦的特性並不是能一成不變地保持下去，有時候會受到生活方式及環境的影響而修飾變化。易言之，一個人的特質是由遺傳和後天的力量互相影響而塑造出來的。醫學上已明確了解即使遺傳基因完全相同的同卵雙胞胎，無論在體格、性情、才能……等方面，都會因爲不同的成長環境、外力因素而產生顯著的變異。印度有兩個二歲左右的女孩，在森林中被母狼抓走，到了大約八歲（一九二〇年）才再度被人發現，救回送入孤兒院撫養教育。經過幾年時間，她們仍無法改變用四肢趴著走路、趴在地上取食以及吠叫的生活方式；而且經過四年的教育，也只不過學會幾句簡單的人話，到了十七歲就死了（Arnold Gesell-Wolf child and human child 書名中譯是「狼子與人子」）。人格及特性確實是先天遺傳與後天栽培教育的結果，出生時間的因素根本沒有被考慮的理由；何況從授精的一瞬時細胞就開始不斷的分裂和分化，生命早已開始脈動，生命並非等到出生才開始。

㈡稍有醫學常識的人都了解，胎兒出生的時間並非由胎兒的因素決定，而是母體的狀況，所以胎兒本身沒有決定出生時間的自主性；此外，胎兒在出生之前，所有的天賦資質、生理功能，甚至組織、性別都已定型。出生時間早或晚，根本不能改變在子宮內已經定型的胎兒狀況。簡而言之，先天畸型的胎兒早生、晚生都是畸型，絕對不會因生對了時辰就變成正常。

㈡醫學統計記載，平均八十九個產婦就有一人會生下雙胞胎，機率不低。雙胞胎有單卵和雙卵之分，雙卵的機率遠比單卵高。雙胞胎多半在相同的時辰（兩小時內）內降生，但一生的遭遇、成就，甚至個性不盡相同，不少雙胞胎後來只存活一個。現在的試管嬰兒科技能在一個時辰出生十幾個多胞胎，絕對是同父同母，這些人不可能有相同的人生，其理自明。

㈣就統計學而言，兩個小時為一個命理時，在這段期間出生的人口頗多，我們不必去提全世界五十多億人口，只算中國人，就有十三億；再縮小到兩千萬的台灣地區，官方的統計平均每兩小時（一個命理時）出生一百五十四人。所以任何一個時辰，絕不可能由任何一個人所獨佔。假若「出生時間決定宿命」，那麼那些同命者（一百五十四人）都應該有相同的宿命，假設其中一人不幸畸型（殘障），則其餘（一百五十三人）非要有志一同不可。假設「授精時間決定宿命」（授精到出生的時間平均為兩百八十天），那麼其中一個因為受傷而流產，或因某種原因而打胎，則其他同一時間授精的生命都非魂歸離恨天不可，否則就不是註定的宿命了。這些推論都明顯地違反我們所觀察的事實（註❶）。

㈤連體嬰絕對是同一出生時，不但分秒不差，而且是同卵雙胞，遺傳基因完全相同。然而分割後的命運卻有顯著的不同，常常只存活一人。轟動台灣社會的忠仁、忠義，兩個人的肢體與個性，就有顯著的差異。

㈥任何出生時間不僅有很多人也有很多其他的生物，東南亞的土著通常把豬養在房屋的底層，有時候樓上生人、樓下生豬，這一人一豬都承受相同的太空中星球的某某波、某某線感應（王充說的「得衆星之精」），也感受相同的地氣（是指磁力線還是什麼，我始終弄不懂這個名詞）。我們不必贅述，人和豬在祿命上應該同一命格，但事實上絕對不會有相同的生命軌跡。有人可能會罵我，「怎麼把豬和人相提並論」？暫不說豬並非一般人所想的那麼笨，以及豬在生理學上很近似人的事實，單就邏輯上的規則，假定出生時間確能決定生物的宿命（人也是一種生物），則任何同一時間出生的動物應該都有相同的宿命，否則「出生時間決定宿命」的命題就失眞。再說，現代的科技可以使一隻獅子和一隻羚羊在同一時辰裏、同一房間內出生，但是這兩隻同命的動物長大之後，羚羊卻被獅子吃掉，這種自然法則對中國命理神話是極端無情的嘲弄與諷刺。養狗的人都知道，一窩的狗五、六隻，可能都在兩小時內出生，養狗的人都知道，父母不同，小狗的品質自然不同；就算同父母、同一胎的小狗，毛髮、體形、資質都不會相同，優劣之差也相當顯著。現代天文學使用雷射光測定，充分瞭解每一年每一天的時間長度都不相同（註❷），三百年前的「甲子年元月一日子時」和三百年後的「甲子年元月一日子時」的天象，並不相同。古代的曆法本就不精確，光是唐朝一代就改訂了八次，到了宋朝又進行五次大規模的恆星位置觀測，於西元一一九九年訂

《統天曆》，到西元一二八〇年又改用《授時曆》。元朝以後因爲西洋天文曆法的傳入，而有《伊兒汗曆》明朝徐光啓於西元一六三三年以西法爲基礎，完成《崇禎曆書》，清朝初年則將之改名爲《時憲曆》頒行。所以清朝以後，曆法已突破中國傳統的範疇，而接受近代西洋天文曆法。這些不同的曆法，記述的時間一定不會相同，因此出生時間和宿命的相關性就變成玄虛空洞。農曆的閏月也是一個脆弱的記時法，閏月的設置使得有些年有十三個月，這一個多出來的月放在一年中的哪一時段，歷代各有不同的方式。漢武帝（西元前一〇四年）以前的曆法，閏月都放在年終，從漢朝的《太初曆》以後，始將閏月置於沒有中氣的月份。「時刻」恐怕是所有時間記述中最可疑的一部分，古代的計時器簡陋又不普遍，時刻多靠巡卒打更報時，所以不可能有準確的出生時刻。

一個難以令現代人接受的矛盾就是，古人在缺乏準確的時刻的時代，竟創造出奢望以生辰爲前提談論祿命的臆說！有某相士誇言用斗數命盤可推十分鐘（流分）內的行爲與遭遇，試想，斗數是以兩個小時爲計時極限排出命盤，竟然想推兩小時以下的時間，豈非運用靈敏度一公斤的磅秤來秤量一公克的重量一樣滑稽？在任何祿命法裏，生時比生日、生月更受重視，尤其斗數，時支與時支星對命盤的影響最大，命身二宮就由月、時起出；空劫、昌曲、火鈴都由時支起出。時支變動，命格完全改變，面目全非。這樣重要的「時刻」，其實是最不正確、最不可靠的時間單位，由此可以想像其方法一廂情願的程度。

二

從以上淺顯的思考就會瞭解，「出生時間決定天定宿命」的神話是多麼荒誕無稽了，難道古人沒有發現這種神話的矛盾嗎？其實不然，我相信不少人曾經懷疑過，我們仔細閱讀《紫微斗數全書》這部傳統斗數經典就可發現，他們不斷徘徊於相信及懷疑之間。了解斗數的結構和原理的人就知道，它是借用近古（晚宋以後）的代數遊戲開列的數學格式，賦予適當的類型意義，把從生辰所集計、歸納而來的類型反映在星盤格式上，然而反過來從一個新個體的生辰找出對應的的類型，描述這個個體時，卻發現不一定能夠適用。

統計學原本就有這種缺陷，從群體歸納的平均特性值應用於某一個體時，常常因為群體的個體差太大而不能適用，何況錯用生辰集計、比對的粗糙統計方式，在方法論上已犯了「採樣設計」謬誤，結果自然離譜。〈斗數骨髓賦註解〉提到，「同年同月同日同時而生，有富貴、貧賤、壽夭之異；或在惡限積百福之金銀，或在旺鄉遭連年之困苦；福禍不一途，而惟吉凶不可一例而斷」，充分顯露對出生時間推定的宿命與事實不符合的困惑。在百般無奈之後，終於想出利用鬼神來打圓場的詭論，一方面是古代民智未開，傳統泛神化的民族性所致，另一方面抬出誰都不了解的鬼神，最容易唬人。最具代表性的說詞載於《紫微斗數全書》中：

「心好命微亦主壽，心毒命固卻夭亡。」

「陰騭延壽生百福，雖然倒限不遭傷。」

「陰騭延年增百福，至於陷地不遭傷。」

「假如有人大小二限及太歲到凶限地有延過壽去不死者，還是其人曾行陰騭，平日利物濟人，反身修德以作善降福，雖凶不害。」

這些觀念反映了近古以來認知上的困惑，相信宿命嗎？事實上很多推算不準，只能無奈地把它歸諸於冥冥之中莫須有的鬼神，勸人行善積德，祈福添壽。這也是中古陰陽家「讖諱說」和神鬼效應觀念的延續，德行神話的典型。我們不能怪罪古人，因爲那也是無奈的誤解，加上統治者努力推銷泛神觀，以便統治。在落伍的時代，理性的認知和宗教的迷信混雜一起，是人類史上極難避免的事。不可原諒的還是，有些現代人明明知道這種錯誤，還在傾銷鬼神之說，由此發展出許多近乎詐欺式的解運魔法，知識分子當然產生更大的誤解和鄙視。

我們找到足以否定「出生時間決定人生型態」的理由極多，並不限於上述幾種，證實生辰和個性、資賦之間的相關性，卻一項也找不到。

三

一千年來，把玩算命的人口不能說少，過去因受愚民鎖國的環境限制，思想理念有些偏狹，我們不便苛責，近二十年來受到現代文明洗禮，竟然未能警覺到此一問題，繼續盲目強調「出生時間註定宿命」，不能不說是難以被原諒的疏忽吧。

第二種錯誤是斗數根據科舉制度的單元性價值觀，以及大男人沙文主義的偏見，來評定吉凶；這種標準絕對不宜也無法適用於多元化的社會。星辰及其組合的意象，對應於現代的社會和生活的內容，自然會有很大的變異。

第三種錯誤是在傳承過程中，滲入了不少卜卦、奇門遁甲、陰陽五行的方法與觀念。這些完全不同倫理、不同結構系統的術數滲入後，斗數變成極為雜亂的祿命程式，理不正則法不順，面目自然全非。

第四種錯誤是誤認人生的際遇莫不是前世註定好的，這是傳統泛神愚民的遺毒，把個人的命運膨脹成主宰一切事項的原因。

第五種錯誤是現代玩家發明的惡作劇，他們把斗數的四化及十二宮的倫理關係無限擴張，例如把父母宮當做父親宮，那麼兄弟宮自然而然成爲父親的妻宮，而必須改稱母親爲姊妹了，這種玩法據說叫做「活盤斗數」。也有人把朋友的生年干四化到自己的命盤上，或在命盤中讓四化追來追去，變成沒有學理體系的遊戲。不同的個體依照祿命的傳統規範，必須年月日時完整，才能討論，現在只用一個年干代表一個人，這是什麼道理？同年同學就有好幾百個，難道他們對本人的影響都是一樣？這種四化追蹤遊戲不知祿權科忌都一一追過沒有，是否發現追吉和追凶的結果可能矛盾，該如何善後？如果可以這樣追，同一類型的命盤（只要主星格局和輔弼、昌曲配置相同），豈非有志一同的好或壞？這種錯誤肇因於，斗數本身的理論系統原本就不健全，自由度太大，古賦也經常自我矛盾，充滿詭滑伎倆，所以現代人得以利用這種弱點，毫無顧忌地自由發揮，不怕違反規則，斗數遂變成迷人的魔術遊戲了。我一直懷疑《陳希夷紫微斗數全集》和《斗數宣微》二書中攙雜了許多不是斗數原有的東西。

斗數的錯誤並不限於上述五點，還有比較次要的，例如推斷多半借用賦文中的星辰組合，星情宮位等古說，現代人使用這些知識來推命，常常發生困惑。第一種困惑是賦文記述的條件似乎不充分，除了表面條件之外，還需更多的條件配合，格局才有意義，譬如「鈴昌陀武，限至投河」，這是古賦中惡組合的代表例。若說只要「鈴昌陀武」，就會面臨絕境，恐怕不見得，因爲此四星分布在命盤的三方，每隔三年遭遇一次，豈非一生都不斷面臨絕境？在現實人生中，我們看不到這種實例。第二種困惑是那些格局並非普遍適用的法則，有心人一定發現能滿足賦文的命例未免太多，如果盲目相信，豈非富翁、大臣、侍妾、僧尼滿街跑？試舉一例，「極居卯酉，多爲脫俗僧人」，意思是說，紫微、貪狼坐命卯酉二宮，將是出家人，事實上紫貪居命於卯酉的機率是七十二分之一，普天之下，哪有這麼多的和尚、尼姑！

有人懷疑古人在傳承上故意留了一手（不完全寫下來、傳下來），以致很多祕訣都失傳了，才令後人無所適從。我以爲現代人未免太高估了古人的能耐，其實傳統命理的簡陋和非邏輯性正是反映古人的認知層次很低，遠不如現代人。古人受限於當時的文明水準，犯了將「偶然密切相連的事項」和「眞正永久相連合的事項」混雜在一起的錯誤，考察事例時，常以表面的類似爲滿足，不知進一步去探討和此類事例永久相伴的眞正條件。他們在格局的制定上使用「類同法」，卻不知「類同法」只能供作臆設經驗律，絕不可能求得眞正因果機序的邏輯，而大膽把「類同法」所得的「經驗臆說」，做爲必然的因果律來演繹命運。所以傳統祿命含有太多似是而非的「偶然的暗合」（註❸），導致誤解不可避免。

四

古人喜歡捉弄後人，經書記載的盡是一些他們自己做不到的理想憧憬。中國人也愛把理想杜撰成爲故事，著書立說，來發洩他們的渴望，最著名的例子就是陶淵明的〈桃花源〉和西洋的「烏托邦(Utopia)」。久而久之，積非成是，後世竟天眞以爲古人都是那麼完美，於是浩嘆不如，喟嘆「人心不古」，其實這並非中國文化的專利，埃及、印度這些古文明很發達的民族也都有類似的狀況。難怪有人說，古人喜歡把自己做不到的完美，寫成好像是平常事來教訓後代的人，以訛傳訛，造成後人對於不曾存在過的、偉大完美的古人加以崇拜，因而產生許多民間神祇。這種非理性的情緒文化，導致後世江湖式的算命充滿神鬼的迷信，也使這些古老的民族在科學世紀中成為落伍者。

有些知識分子瞭解這種錯誤，卻無力導之以正，不但無力改正，反而希望有限度利用斗數的方法，獲得一些現代科學不能提供的經驗資訊。既然古人論命依據的是建立於出生時間的平均類同性，那麼我們仍可遵循「出生時間開出命盤」的方法進行推測，而將不適用的人當作例外人口加以忽略，也未嘗不可；或者把這樣的命格當作此人的本質，而把不適合的解釋列為個別差異，也未嘗不可。但是這種想法至少犯了三個致命的錯誤：

㈠假如以同生辰者一生的起伏波形來集計、比對，獲得平均類同性，這裏面就有著很大的強迫性和扭曲處理的結果——把不可能相似的特性現象勉強接納，方法上既粗糙且幼稚，蓋採樣錯誤，結果必無意義。統計學原理及方法的誤用、惡用，並不限於古時，即使現在，一些獨裁者也常利用它玩弄數字魔術。本來，出生時間和人生的命運不可能有任何實質的關連，但是集計許多命例，加以壓縮，卻可以歸納出扭曲了的趨勢，這些結論其實並不眞實。例如頭髮長度和知識程度風馬牛不相及，用常識去想就了解，但集合夠多的人，把髮長和知識程度測量下來，加以強迫性廻歸，也會有某種形式的相關假相出現。這種錯誤，就是不懂統計學理的人經常誤用的例子。

㈡一旦無法擺脫「出生時間決定宿命」的神話，將永遠無法以現代知識的水準議論祿命；「對」和「錯」，也就變成沒有根據的猜謎遊戲。

㈢當錯誤的方法推不出符合事實的資訊時，就不得不玩一些獨創的祕訣，像紫微過宮、命宮無大限、各宮自化、玄空四化、身宮變化、跨盤、借宮……來遷就。現代人慣於自作聰明，平常站在一邊涼快，而讓少數傻瓜大傷腦筋，流汗流淚，等到飯菜煮好了，才一湧而上，主張有飯大家吃；這是生辰算命雖然錯誤，卻能流傳千古的原因。

面對這類固若金湯、千古不渝的謬誤，還可運用一個淺顯的譬喻來思辨。假設閣下不幸生病，醫生問明生辰八字後，馬上告訴你得的是「腎盂炎」，你能接受他的診斷嗎？任何人在生命歷程中，可能罹患許多大小不同的疾病，若要診斷這一次患的是什麼病，必須根據臨床診察，接受各種檢驗儀器化驗及掃描，綜合起來，才能做出初步的診斷。然後，循著治療的進行，不斷監測病況的變化，再肯定或再懷疑初步診斷的正誤，直到病癒或確定無法醫治；祿命的解析，應該也是如此。

五

算命不過是想要了解我到底是個怎樣的人，從出生到目前，累積了哪些客觀的條件，發揮了多少主觀的優點，把從過去到現在作爲已知，推測此後一些未知的變化和發展。科學的說法是，算命就是要診斷一個人的天賦、才質、優缺點的適性，診察過去的成敗，萬一走錯了路，往後應該如何重新計劃人生，才能安身立命。

國泰集團蔡辰洲先生已經蓋棺論定；十信案爆發以後，台灣五術界對他的命運捕風捉影，搜集起來，起碼可裝訂成一本厚厚的巨冊。據說他生於丙戌年（一九四六年）農曆八月十八日申時，逝於丁卯年（一九八七年）農曆四月十七日午時，幾乎所有的批論都表面上似能自圓其說，附合新聞報導的內容，我在一九八六年四月曾針對那些論調，寫了一篇批判的文字，題名〈魔術法門〉，刊在《現代紫微》第六集，從這篇批判文章讀者可以了解，要迎合已知的事實是如何輕而易舉。

丙戌年八月十八日申時開出的命盤，天相在丑坐命（圖一）。

好友了無居士在《現代紫微》第二集使用傳統方式，已有詳盡的解析，讀者可以

<table>
<tr><td>祿存
癸巳</td><td>天機權
擎羊
甲午</td><td>紫微
破軍
地劫
乙未</td><td>天姚
天馬
丙申</td></tr>
<tr><td>太陽
陀羅
壬辰</td><td colspan="2" rowspan="2">丙戌年8月18日申時
土五局</td><td>天府
火星
天鉞
丁酉</td></tr>
<tr><td>武曲
七殺
右弼
地空
辛卯</td><td>太陰
戊戌</td></tr>
<tr><td>天同祿
天梁
文昌科
庚寅</td><td>天相
辛丑　命宮</td><td>巨門
文曲
庚子</td><td>廉貞忌
貪狼
鈴星
左輔
天魁
己亥</td></tr>
</table>

(圖一)

自行參閱。我認爲，這種命盤不能符合當事人實際的祿命類型，出生時間和人生類型是風馬牛不相及的事，這是一個實例。這個命盤所呈現的命格，從斗數理論的角度看，無論如何都沒有什麼衝勁、敢做敢爲、氣派十足那種架式；相反的，優柔寡斷、想得多做得少、幕僚型的性格。如果說這種人會不可一世，挪用資金兩百億元，牽連政府高官下台，遺害上千個家庭，成爲當年十大新聞的榜首。那麼，比他更強烈、更戲劇化的許多悲劇英雄的命格的人，不知要可怕到什麼程度！即使有人用盡各種格局，主張此命格多強烈多富能量，也無法回答我上述的質疑吧。因爲命格比他這一種更強烈的實在太多太多了。

當然，造成如此重大的金融風暴，還有許多其他的特殊客觀條件，不能把一切原因和責任都推給一個小小的第二代人物；可是即使有了充分的客觀條件，假如當事人沒有那麼大的膽識、氣魄和個性，仍然難成氣候。

根據「財訊雜誌社出版」的《國泰興亡錄》一書記載，我們可以了解一些蔡辰洲個人的概況：

對外表現出誠懇和氣，對部屬卻是極端現實嚴厲、獨斷獨裁；有一顆急欲出人頭地的旺盛企圖心。有說他高中畢業，有說他大學畢業，學歷比辰男先生低，但很尖銳地表現自己，並且常得意忘形。交際手腕號稱一流，悲劇性的角色，應是蔡辰洲的最佳註解；感情用事，親小人厭諫友，從小活潑好動，權變主意特別多，臨機應變、慧黠伶俐，在家裏的長輩中，他特別討人喜愛。在高中是風雲人物，對朋友的義氣實在沒話說，三十多歲時和高玉樹先生的公子爭風吃醋，居於下風，因此懷恨高公子太不給面子，氣憤之餘，乃持獵槍將高玉樹的兒子給轟了。

這些描述也許有部分不盡公平，但大致上將一個人的特質和個性有了明確的敘述，這些資訊顯然不適用其出生時間開出的斗數命盤，也是明顯的事實。假設蔡辰洲確實生於那個時刻，照蔡弟辰洋先生說，「年月日沒有錯，時就不太敢確定」（見《國泰興亡錄》），那麼包括命格和六親宮位，求學的行運狀況，踏入社會掌權執事的行運狀況，依照紫微斗數的理論，都無法密切契合。

這裏就發生了一個嚴重的問題，爲了遷就「出生時間決定宿命」(或人生類型)的傳統謬論，人們被迫創造對星情宮位和大運四化的新方法、新詮釋，以便自圓其說，我一直覺得，許多不符原來斗數倫理和代數學原理的算命術，都可能是這種困擾逼迫出來的。這也是爲什麼斗數論理架構會愈變愈支離破碎，成爲猜謎遊戲的眞正原因。

假如初學者未能有幸遇到頭腦清醒的老師，又急於學會算命，那麼他就會輕易陷入這種猜謎遊戲的陷阱，在迷宮裏轉了半輩子，尋覓不出一條活路。

六

我再舉個命例，敍述我個人對這種傳統推命法的觀感。

了無居士在《現代紫微》第二集介紹一個不幸因爲車禍喪生的A女士命例，不論他使用的論斷或其友人所用的忌星追蹤術，看來都十分精采，令人覺得生得此一八字，若不在癸亥年魂斷路旁，實在說不過去，所以這是「非死不可」。依照傳統的方式排出命盤，就是「圖二」那張。

如果天干化星羊祿陀魁鉞相同爲條件，那麼從一九一四年到一九八四年止，共有甲寅、甲子、甲戌、甲申、甲午、甲辰、甲寅、甲子八次的甲年，甲年出生而命宮坐

太陽忌 天姚 地空 地劫 己巳	破軍權 右弼 庚午	天機 火星 天鉞 辛未	紫微 天府 左輔 天馬 壬申
武曲科 文昌 戊辰	甲午年5月14日午時		太陰 鈴星 紅鸞 癸酉
天同 擎羊 天喜 咸池 丁卯	水二局		貪狼 文曲 甲戌
七殺 祿存 丙寅	天梁 天刑 天魁 陀羅 丁丑	廉貞祿 天相 丙子 命宮	巨門 乙亥

(圖二)

子宮，必為水二局（丙子），這種情況有元月寅時、二月卯時、三月辰時、四月巳時、五月午時、六月未時、七月申時、八月酉時、九月戌時、十月亥時、十一月子時、十二時丑時；此外，生日恰好十四或十五日者，基本命盤就和A女士相同。這種人在台灣地區共有多少？不言可喻。

若進一步限制必須太陽化忌遇空劫，那麼也有五月午時及十一月子時生人，平均至少一二三二人；就算星盤一模一樣，也有甲午年五月十四及五月十三日，在小小的台灣平均至少三〇八人，A女士在癸亥年不幸車禍去世，那麼剩下的三〇七人呢？

依照傳統的推論，命是命、運是運，運凶就得遭殃，好像鐵達尼號撞上冰山沉沒一樣。我們暫時苟且認為那種說法有理，一步一步，剖析看看。

A女士的結構是官星坐命，三奇呈瑞，祿科馬交馳，紫府見吉又遇左輔，格成「君臣慶會」，財星化吉坐官祿，遷移宮為英星入廟，右弼加護兼化權呈威，一片光輝，可說完全見不到一顆煞忌。美中不足的只是，弱小雜星像天哭、天虛入命身（哭虛並不重要），其他弱宮、次要宮位如兄弟、僕役、子女、父母、疾厄都有煞忌盤踞，這些分佈是必然的道理，否則命不見煞忌，那些煞忌要排到哪裏去？我們已有先入為主的觀念，知道A女士車禍死亡，自然想從她的先天命宮，遷移宮及疾厄宮找出一些蛛絲馬跡。命宮與遷移宮沒有破損，疾厄宮則有擎羊射入，火星和天機的組合又不算太吉；但不可忽視此宮是坐貴向貴，加上輔弼夾輔，支撐有力，除非大限行戊，忌來沖破，否則不能說有什麼危險。

我們再根據流行的方法兼顧流年小限，若流年不能自圓其說時，可用小限來詭辯，專找壞的一面探討生命的軌跡：

㈠第一大限丙子，二～十一歲，先天與大限重疊，廉貞化忌，本宮已敗，大限無力再左右流年了。

①兩歲乙未流年坐在先天疾厄宮，小限在卯，爲流年的財帛宮，不論流年火機相殺弱陷又受擎羊沖破，或者小限擎羊落陷又沖鈴煞，都是主星衰弱遇惡煞。雖然天機化祿、對宮天梁化權以及天魁吉助，但流年福德大凶，大限祿逢沖破，古人常以福德論陽壽，這一年豈非有如風前燭火。

②三歲丙申年三合廉貞雙化忌，祿科失力，雖見紫府左輔，也要一番掙扎。流年疾厄宮擎羊爲禍，即使天同化祿解厄，恐怕也有一場小波浪。

③四歲丁酉年，流年宮內鈴陰爲「十惡」的組合（古賦指出，「火鈴太陰，反爲十惡」），遷移擎羊對沖，太陰雖然化祿，但受流年財帛太陽忌空劫、流年福德巨門忌的作用，形成雙忌會照加空劫，祿已失效；擎羊並傷及福德，恐危矣。

㈡第二大限乙亥太陰化忌，與太陽忌雙忌合沖大限命宮，這一運限遷移破碎，在一般斗數常理屬於傷運、受挫運。

①十二歲乙巳年，歲運重疊，太歲、小限也同宮，大限干及流年干都使太陰化忌，三忌空劫加三合姚鈴陀諸煞，令人替她捏一把冷汗。

②十三歲丙午年，廉貞化忌於先天命宮，也是流年遷移宮位，雖然三奇輔助，血光恐難免吧。

③十四歲丁未年，先天疾厄宮星局本弱，再會羊陀，巨門化忌引爆，天機化科又有何用？大限命宮化忌，遷移宮也化忌，不能說不危險萬分。

④十六歲乙酉年，大限干太陰化忌，鈴陰本屬凶惡組合，太陽忌空劫會齊，大限遷移雙忌空劫，流年命宮又受遷移位的擎羊沖傷，不是草木皆兵嗎？

⑤十九歲壬子年，武曲化忌，爲大限的僕役位；小限在戌，流年、小限都會忌星，

吉處藏凶。

⑥二十一歲甲寅年，太陽再度化忌，合照太陰忌，變成大限遷移三忌空劫，這一年不大傷就奇怪了。若大傷則可從上述的論理來說明，若沒什麼事，平平安安回家就說流年很美，補過去了，這就是「詭辯」的例子。

⑦二十二歲乙卯年，坐落陷的擎羊，流年羊陀來夾，此時流年干使太陰再度化忌，遷移宮爲凶格所罩，豈非危機重重，頭破血流之象嗎？

⑧二十四歲丁巳年，流年、小限又重疊，太陽忌、太陰忌加空劫，巨門又化忌，內外夾攻，流年宮又是大限的疾厄位，此時加倍計算，似乎氣息要盡了，卻沒有死。

⑨二十八歲辛酉年，鈴羊陀姚、陰陽雙忌、空劫全部會照，流年的命財俱破，疾厄宮文昌又化忌，眞不樂觀矣。

⑩二十九歲壬戌年，流年遷移武曲化忌，疾厄宮雙忌空劫，流年、大限重疊，照傳統的方法，要加倍計量才行。

六

我們尙未論及丙、戊、壬這些年份（十五歲戊申、十九歲壬子、二十三歲丙辰、二十五歲戊午)，對命格產生的「刑囚夾印」結果，以及其他流年飛星會照造成的凶格，僅就大限、流年，就夠怵目驚心了。假若這種推算法可信，那麼就會產生兩個嚴重的矛盾：

㈠如此完美的命格竟然遭遇凶險不斷的流年，富貴命格和夭折類型有何差異？若非斗數的命格論錯誤，就是大限流年推算法謬誤；我並不主張吉美命格一定行順運，但不太可能如此險惡。

不少人遷就事實，在星情宮位上大作文章，說什麼「凶不皆凶，吉無全吉」(〈增補太微賦〉中指好的星辰或格局不是全好，也含有凶兆；壞的星辰或格局不是全壞，也含有吉兆)，這是自以爲是的狡辯，標新立異，完全忽視論理體系的明確性和合理性，導致最後連自己的命運都不敢論斷。

㈡癸亥年以前，她就有過比此年更凶險的流年，爲何不死？

有人說，那是缺乏「觸機」所致，必須代入其他外境的資訊。表面上看，言之成理，可是代入的資料只不過是朋友的生年四化，或者出事當天的方向等等，根本不是科學常識所能認同的。年干就能代表那個朋友嗎？據此而論，該年生人都對她有危害了，這是不可思議的邏輯；一個生年干不能定出一個命格類型，是明白的道理。基本上四化只是一種星辰的寓意，表達力的變化方式，不是宇宙間神奇的力量，沒有理由那樣使用。

我懷疑她根本不適用這一類型的斗數命盤。照理說，這類命盤的人才智非凡，三十歲已有相當的社會條件，還會乘坐機車嗎？還有，斗數在命和運間的邏輯體系上，有根本不連續的缺陷，把不屬於命理的問題硬讓命理解釋，也是原因。當然，命格吉美並不保證不會出車禍、不會生病死亡；但因非己的過失而死（肇因於他人），若要探討命理，我想應該先探討騎車的朋友才對。近年來，了無居士研究出祿命法其實有程式上的不可能性，生死問題不是祿命程式所能解答，有人死，有人得救，可能都共用同一類型的斗數命盤。古時非死不可的疾病，在今天的醫藥水準下變成容易治癒的例子也很多，妄想使用祿命法來推斷生死，顯然是誤解了祿命法。

我借用了無居士介紹的命例作爲說明，是想避免不必要的誤會，他對命例的檢討相當嚴謹，又能接受各種不同觀點的論辯；我一直欣賞他整理傳統斗數的重大貢獻，所以讀者不要誤會。

[附註]

❶這個命盤具備了一般論命談運的要素，但是合此條件的「生年月日時」，在近六十年來就有丁酉年四月10，20，23或29日午時出生者（男性大限逆行，暫不討論）。依照官方的報告，台灣地區平均兩個鐘頭出生154人，那麼在小小的台灣就有308個女性共用（假設女性爲人口的一半）此一命盤，宿命論因此就變成空洞的幻想。（圖三）

根據《中國時報》一九八五年十二月二日第三版刊載，內政部公布到此年六月爲止，台灣地區人口總數爲19113093（近兩千萬人）；而元月到六月的粗出生率爲1.754%，從元月初一子時到六月三十日亥時止總計181日，所以一個命理時（二小時）的平均出生人數可經由下列計算，得到154人。

a.元月到六月的人口數爲

19113093×1.754%＝335243.6512人

b.平均每日出生的人數爲

<table>
<tr>
<td>天機科
陀羅
天空
地劫
乙巳　遷移宮</td>
<td>紫微
祿府
紅鸞
丙午　疾厄宮</td>
<td>擎羊
左輔
右弼
寡宿
丁未　財帛宮</td>
<td>破軍
戊申　子女宮</td>
</tr>
<tr>
<td>七殺
鈴星
天姚
文昌
甲辰　54-63
僕役宮</td>
<td colspan="2" rowspan="2">丁酉年4月10日午時
丁酉年4月20日午時
丁酉年4月23日午時
丁酉年4月29日午時
出生的女性都共用
這張命盤
金四局</td>
<td>天鉞
火星
天哭
己酉　夫妻宮</td>
</tr>
<tr>
<td>太陽
天梁
天虛
癸卯　44-53
官祿宮</td>
<td>廉貞
天府
文曲
庚戌　兄弟宮</td>
</tr>
<tr>
<td>武曲
天相
壬寅　34-43
田宅宮</td>
<td>天同權
巨門忌
龍池
鳳閣
癸丑　福德宮</td>
<td>貪狼
天刑
天喜
壬子　父母宮</td>
<td>太陰祿
天魁
孤辰
天馬
辛亥　命宮</td>
</tr>
</table>

（圖三）

335243.6512（人）÷181（日）=1852.174869（人／日）

c.每一個命理時（兩個普通時）出生人數爲

1852.174869（人／日）÷12（命理時）=154.3479057（人／命理時）

❷地球自轉一周的時間平均是二十四小時（86400秒），由於地球的轉速是變動不定的，而非固定恆常的。過去有關地球自轉的觀測都靠光學望遠鏡，以恆星爲基準加以測定，一九七七年後改用雷射光測。每天的時間長度叫LOD(length of the day)，現己有報告，有一個是百年間每日時間長度的變化，另一個是每月間各一日長度的變化。這些資料載於一九八五年元月、二月合訂版的《美國科學家雜誌》(American Scientist)，著者爲科羅拉多大學(Colorado University)物理學助教授John Wahr博士。(圖四，圖五)

❸「偶然的暗合」是指完全無因果關係的巧合，屬於純機率性的現象。我們觀察某一現象時，與此現象毫無關係的事物卻偶然存在於現象中，因而受到誤解。例如太陽的直徑和地球的直徑比值、太陽和地球間的中數距離(median dis-

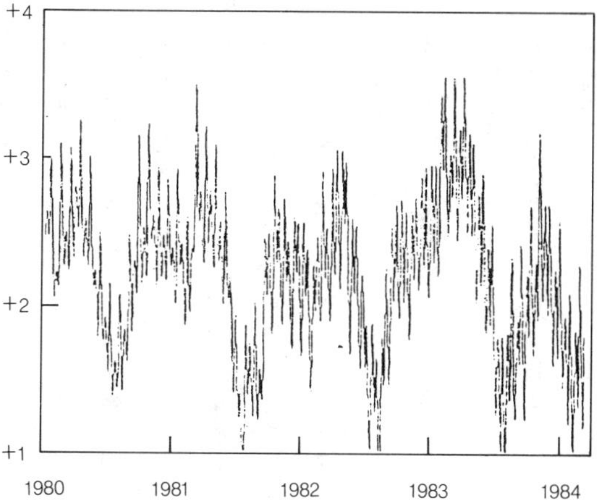

（圖四）

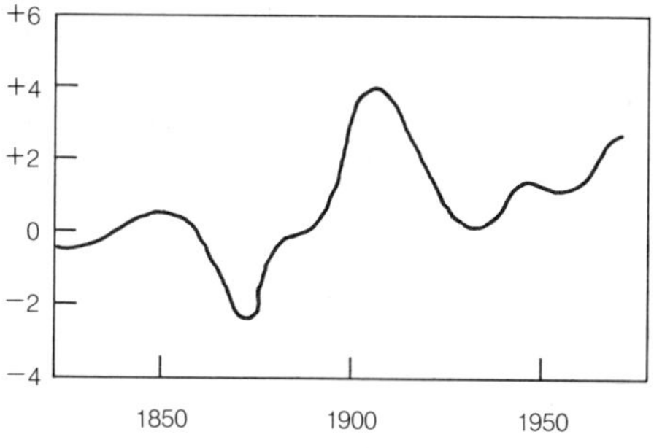

（圖五）

tance)和太陽直徑的比值都是110:1，純屬偶然，而此比值也沒有什麼特殊的意義。再舉一例，一個皮膚病人偶然吃了一塊發黴的糕餅，竟然痊癒，原因是生長在那塊糕餅上的黴菌恰好是青黴菌，會生產青黴素（一種抗生素），而那一種皮膚病的感染菌恰好被青黴素殺死，並非發黴的糕餅就可以治療皮膚病，如果只根據表面的觀察，那麼就容易誤認發黴的糕餅對皮膚病具有療效。再深一層探討，了解皮膚病的病原菌種類很多，青黴素只對幾種病原菌有效；如此一層一層追查下去，才能把隱藏在現象（事實）內部眞正的因果機序，分離確認。

這種科學邏輯古人顯然不懂，他們常把偶合（偶然的暗合）當做因果的經驗，在當時的文明水準下當然是無可厚非的。然而在科學昌明的現代，照犯不誤，就會被指爲沒有常識。用命盤的實例說，我們觀察到夫妻宮坐紅鸞、左輔的幾個人恰好都娶了姨太太，也不能把符合這些條件的人都指爲「命帶雙妻（多妻）」。因爲夫妻宮見鸞輔的機率很高，並非具備了就會妻妾成群。

表面上的「準」與「不準」並非判斷「是和非」的依據；「準」需有合理而可靠的理由（方法和原理），不是偶然的暗合就可以橫衝直撞。缺乏理由的準只是歪打正著，過往事蹟不妨視爲趣談，面對未來時，那是一種可怕的誤導。科學的議論應該進一步研究下列幾項：

㈠夫妻宮見左輔、紅鸞的機率有多大？

㈡見輔鸞而娶姨太太（或外遇）的機率有多高？

㈢見輔鸞但不娶姨太太（婚姻正常美滿）的比率又有多少？

㈣不逢輔鸞卻娶了姨太太（或外遇）的比率又是多少？

至少需要檢討這四種資訊，才能判斷輔鸞與「命帶雙妻（多妻）」是否有關；絶不能僅以輔鸞做爲斗數條件，其理自明。

改正之道

一

前述本質性的謬誤，就斗數而言，並不難改正。

如果我們注意斗數開盤的原理，就可發現星局的排列具有相當大的彈性和可變性，為其他祿命法所無。若能運用這種特性，當可打開出生時間決定宿命的死結。

紫微坐宮的變化位置只有十二種，所以只能開出十二種不同的主星盤，其中一半和另一半呈互為「鏡影」(mirror image)的關係，事實上只有六種。若以三方四正的結構來區分，至多只有七十二種，例如紫微在子和在午是一個鏡前、一個在鏡後的關係，星曜組合在對應的十二宮完全相同。斗數以五組年干（甲己、乙庚、丙辛、丁壬、戊癸）和六組地支（子丑、寅卯、辰巳、午未、申酉、戌亥）訂定五行局，一組天干配合六組不同的地支，可有五種五行局（全部五行局皆可選用）。假設把生時當做不確定的浮動變數，在年、月、日作爲固定的參數下，就有五種紫微星不同配位的星盤可以選用。

如果我們有辦法從已知的資訊選取適合的主星局類型，那麼可以反推使用哪種「時」來配置副雜星；換句話說，斗數可以藉「時」的浮動，開出多種不同的命盤——根據已知的資訊，找出最適合的類型命盤。如此一來，雖把生辰當做覓找適合類型的簡便法，卻非依照生辰開列命盤。斗數確能經由如此的變通，跳脫宿命的迷信，經由這種方式找到的命盤，是描述某種類型的模式，它是已知的經驗模式。根據已知的資料找到類似的經驗模式，就可得到其他方法不能獲得的借鏡或參考資訊。醫療診斷和治療方式就是這種類型解析的應用——利用觀察和檢驗，歸納出疾病的類型，稱之爲感冒、肝炎、腸炎……等症候群，現代心理學的「臨床心性類型學」(clinical psychological typology)，就是使用這種方法，診斷病人到底罹患了什麼類型的心理障礙，可能因應何種刺激，發生怎樣的病態行爲。

就方法學而言，這種方式只是把建立的命盤格局，當做已知的「類型模式」(pattern model)，使用個人的資訊(data)，以「吻合法」(fitting method)覓找最類似的模式，再用這個模式推論可能的變化，基本上是一種「模擬法」(simulation)，絕非星辰的排列組合支配了人生型態，而是通過這些文字符號幫助我們了解、挖取一些類型模式中的經驗資訊，供做處事待人的參考。假如推論的結果和事實相當近似，這種推測可以提供很有價值的資訊；不但如此，如果我們能將斗數開列的星局賦予現代知識，使用推計學的迴歸法與解析方法，重新整理，把格局的意義從曖昧抽象的概念提升到具體明確的特性，依照不同的強度加以分等，然後考慮時代環境和後天個人的努力、取向的影響，斗數就可能提升到非常有個人價值的「類型推計學」，成爲一門「人生氣象學」。現代科學有很多這種「模式計量推測」的方法論，被廣泛應用於各種科技和經營策略的領域。

唯有如此，斗數才可能在現代知識的殿堂佔一席之地。

二

總而言之，斗數根本無須盲從「出生時間開列命盤」的錯誤，而是將命盤當做一種已知的歷史類型，用個人的資料去選用最適合、最近似的類型，它和自然科學利用實驗觀察推求經驗趨勢的手法是相通的。從經驗模式的演繹結果對照實驗事實，可推知兩者之間的「吻合度」(goodness of fit)。如果吻合度良好，就可預測實驗以外的狀況。斗數也能比照此法加以運用，只不過須再注意環境影響和後天條件的變化（命盤中央的大空格是「太元術」的已知項，後天條件必須納入命盤加以考慮）。從現象論(phenomenology)的觀點而言，斗數本質上符合了科學的方式。

科學的思索是從特定的事實現象中，考察、區別何者屬於普遍的、何者屬於特異的；何者是恆常的、何者是一時性的。因此有效的步驟是簡化並整理觀察的結果，使之成爲概念，並得以模式化，所以模式是科學的基本工具，指的是眞實狀況的簡化、模擬的結構，可供描述、推演和預測之用。任何模式都必須具有下列三項功能：

(一)描述眞實狀況的功能。

(二)模擬類推的功能。

(三)預測狀況變化的功能。

模式的構築由特性法則(physical law)和數學原理(mathematic principle)組合演化而成，偏重特性法則或倫理假設，構成倫理與推理的模式，偏重數學方法來記述現象而不究其機序，則構成現象論的模式。倫理和推理的模式對眞相的誤解所強加的謬論，有產生錯誤的架構的危險，現象論的模式只是忠實地以符號及關係描述眞相，對現象的機序（倫理與推理）缺少了解的功能。

斗數對各種人生百態類型的描述，採用的是倫理中含推理和現象論的混合模式——十二宮是倫理中含推理的模式，星辰組合與四化則是現象論模式。就發展的常態而言，現象論模式發展最易也最快，然後在現象論模式中添加人文習俗、社會環境的意義，增加倫理推理的功能，所以斗數模式的利用應該是先有類同的實況，再以實況套用適當的模式，而非先有來路不明的模式（使用生辰開出莫名其妙的命盤），勉強遷就事實。用科學方法說明，這種方式是先講究分類，找到這個類型在分類學上的最終歸屬，才能利用已知的歸屬類型。例如我們看到一隻動物，想了解牠，當然是先要觀察牠，並在已知的動物分類學上替牠尋覓歸屬，是不是胎生（是否哺乳類）？肉食還是草食？一直追究下去，最後才能找到在分類上的位置。然後，從過去對此一群屬動物的了解資訊，推斷如何豢養、會不會咬人等等；祿命法的原理跟這種方式並無不同。

斗數發展的內涵我們已無法清楚，原始的創意和現代科學的方法可能沒有太大的差異，後代商業化的演變使它脫軌也說不定；若是如此，我們更有責任恢復它原來的面目。

我們不妨把格局視爲一種特性，而非單純的吉凶。世界上根本沒有「絕對的好」與「絕對的壞」的標準，有的只是適合不適合——適合不適合是條件配合的問題。星曜格局所呈現的只是內在條件，優劣的判定要看和外界條件的配合關係，有一則寓言故事可用來說明這種情況。

有一隻兎子嘲笑龜走路太慢，問龜說：「老兄你在幹什麼？」

龜答：「我在走路呀！」

兎子說：「你這樣算什麼走路？走路要像我這樣才算。」龜看兎子一躍數呎，自然無言以對。

過了幾天，天空下了傾盆大雨，地上變成水澤，兎子在水中掙扎，龜則悠閒地游過來游過去，發現兎子的狼狽，於是問說：「你老兄在幹什麼？」

兎子說：「我在游泳呀！」

龜說：「你這樣算什麼游泳？游泳要像我這樣才算」。

這個寓言說明在某一種外境條件下，有些內在條件變成缺點，有些則變作優點，例如一種意見在右派團體中極受讚賞，在左派團體則備受排斥。內在條件本無所謂的優劣，其優劣依據外界條件而定，醫學和文學本無高低之別，使學醫的收入優渥、學文的吃不飽，是時代與社會造成的。所以星曜格局本身並沒有吉凶，端視當事人如何運用。我認爲命運也無好壞之分，所謂的好壞，不過是當某種價值觀滲透到命運現象後，產生的主觀感受。

把飽受迷信污染扭曲的斗數倫理體系清理重建，恢復原來以文字式代數學函數的人生考察方式，徹底認清命運的意義、作用和界限，防止無限制的意識惡性膨脹，才是當務之急。須知影響人生成敗、福禍的因素很多，命運只是許多因素之一——命運和遭遇絕非同義詞。這個問題比較複雜，我將在另一章中作專題探討。

此外，拋棄猜謎遊戲，也拋棄爲了迎合事實而自圓其說的心態，改以嚴謹的科學態度來探討祿命，把祿命當做人生的參考資訊，而非賺錢的工具。一些習命者之所以誤入歧途，原因就是動機不太純正，很快就掉進江湖流派的陷阱。

三

有些所謂的名家高手，自譽能替人指點迷津、趨吉避凶、改凶命爲吉命，不管他們標榜的是什麼命卜、風水或五鬼搬運、茅山法術；合理的想法是，何不先觀察他們自己、他們的家屬（包括配偶、小孩、父母、兄弟姊妹各自的遭遇和成就），假如他們都有成就，事業非常發達，我會虛心聆聽有關事業經營的指點；假如他婚姻相當美滿，我會恭敬聆聽有關婚姻問題的見解；如果他們對本身的人生並未安排得好，我不相信他有能耐指導我趨吉避凶、發財成名。我這種想法是不是合理？是不是最起碼的常識？

有個朋友告訴我，他請了一位地理仙選一座風水花了幾十萬禮金。地理仙告訴他，風水一旦造好，三個月內一定大發。我問朋友：「那位地理仙是什麼大公司的董事長？」他說：「沒有呀！他是祖傳的，也沒唸什麼書，專門替人看風水。」我笑一笑說：「假如他能找一座保證三個月內讓人發財的風水，我想他早已不必替人爬山涉水看地理了。因爲他現在應該有跨國性的大企業！」我的朋友瞪大了眼睛，半天不能說話。

我認爲研討祿命法，須有爲自己的人生作嚴謹、認眞規劃的態度，而不宜沉迷於古代的夢幻，空想莫虛有的宿命；也忌諱盲目對一些違反科學常識的傳說做應聲蟲，並以訛傳訛。果能如此，祿命法才能去假存眞，提升到珍貴的知識水平，具備參考的價值。也許有人認爲我苛求，然而像這樣一種影響人生莫大的知識，再如何苛求都不算過分，因為錯誤的資訊比沒有資訊更糟；我們要了解推測（預知）是極其困難的工作，絕對不是速食方法能夠勝任。科學常識指出，想作出品質優良的推測，盡可能對過去到現在有充分的了解，再根據這種資訊，決定變化的類型，如此才可能預測未來。小學生作應用問題，先要了解問題中已知條件和命題，才知如何搬出適用的計算公式，絕對不可能先搬出一條公式，然後再拚命代入的道理。

四

欲用已知內容的歷史模式——斗數命格來做參考資訊源，其先決條件就是能找到最適合於此人的斗數命盤。若仔細研讀古文獻，我們可以發現古人並非盲目遵奉出生時間開命盤，對出生時間開出的命盤仍有斟酌其適用性的努力。在〈形性賦〉及〈續形性賦〉中，雖然描述體形、容貌和性格相當簡陋而抽象模糊，仍可看出古人覓找適當類型的努力痕跡；在〈諸星問答論〉、〈論命宮訣〉以及〈論小兒命〉各篇中也有零星的補充，古人確在使用出生時間開出的斗數盤來推論祿命之前，以可觀察的資訊先判斷該盤是否適用於研討的個體。形貌和性格是較易觀察掌握的資訊，例如破軍背重眉寬，行坐腰斜；武曲形小聲高；火鈴性急；羊陀形醜倔強；七殺如子路暴虎馮河；

昌曲聰惠可人；魁鉞端莊……，都是古訣用於印證斗數命盤的適用性。

這些古訣在今天已過分簡陋而不可信，所以將格局所表現的個性、價值觀、天賦才智思維以及意識決定的類型特質，依照原始設計的原理重新整理，並給與具體明確的定義，將之和現代「心性類型學」(psychological typology)的心性類型做成對照關係，恐怕是現代化最重要的工程。天生性格上的外向或內斂、樂觀或保守；天生才智上的思考邏輯類型，感性或感覺類型；對外來刺激的反應是知性型、直覺型、判斷類型……等等的解析，可將個人的特性及缺陷分類成各種心性類型。若以現代知識建立這些心性類型和其對應的斗數命格的體系，就可反過來從臨床心性類型的解析找到適合的斗數盤。

臨床心性類型的解析，其實就是通過許多設計好的話題的議論，來了解對象眞面目的診斷過程。小孩子比較天眞單純，診斷起來比較簡易，成人就比較繁雜了，因爲許多天性本質已隱藏到世故僞裝的保護膜下，不易呈現。有時當事人自己也弄不清何者是眞、何者是假，所以測試需要交叉多層的重複，逐漸清除矛盾，才能了解特質的眞面目；等到所搜集的資訊確能刻畫出這個人的本質特性時，合適的斗數命格自然浮顯。

這些操作並非簡易之事，也非短時間能完成的工作，卻是欲獲得有價值的參考資訊，欲獲得透視將來的資訊無法逃避的代價。推測或窺究未來，本就是困難的問題，不應期待有簡易的方法。常識告訴我們，假如不了解子女的本質和生長過程，又如何猜測子女下一步會怎樣？討論祿命也不能背離這種基本常識。

速食型推測的誤導效應很少人認眞考慮其負面效果，被預告的人極易受到暗示、催眠而產生預期和恐懼，無意識地迎合，在醫藥上熟知的「慰藥效應」常常出現在算命裡，不可不愼。不管算出者是什麼，最重要的是當事人要在大腦內轉一轉，根據什麼？合理嗎？有無違背常識？然後決定取捨。這不是什麼困難的事，卻能保護自己。

斗數的大限

一

斗數對個人的本質、天賦的條件，以十二宮的格局作靜態的描述，而對一生起伏的過程，則採用大限和流年加以考察。理論上說，命格和運程的起伏曲線應有密切的關係，不同的命格遭逢相似的運，行爲表現一定不同，例如大海中遇到風暴，航空母艦和小漁船的結局絕對兩樣。這種情況在科學上稱爲「先導值的法則」(the law of initial value)，但是斗數在傳承過程，卻發生了很多理論體系的混亂，令人無所適從。

〈斗數發微論〉說：「行限逢乎弱地，未必爲災；立命會在強宮，必能降福」，這是主張命格吉旺不怕行凶運，事實並非如此，因爲常見命格吉旺卻在惡運中破敗。因此〈論命先富後貧之理由〉一節就解釋說：

「人生於富貴之家，……及至中途，人丁遭傷財帛耗散，……此等非關命也，卻係限步不扶，大小二限及太歲沖照，又逢凶殺守臨，……所謂先大後小，先富後貧也。又有人出身微賤，……及至中末，平地升騰，財祿遂心，……蓋此等之命雖生在中局，後因限步相扶，星辰逢吉曜，兼廟旺之地，因此突然發達，所謂先小後大，先貧後富者也」。

〈斗數骨髓賦〉也說：

「石崇豪富，限行劫地以亡家。……運遇天空地劫，阮籍有貧窮之苦。……今人命有千金貴，運去之時豈久長。……」。

這些解釋無疑的宣示了「命好不如運好」的詭論。

其實命格的質隨著成長而接受運的磨練，兩者交互作用，命格的先導影響仍然不能忽視。命是命、運是運，這種分離式的觀察恐怕是傳承之中衍生的錯誤。

斗數採陽男陰女順行、陰男陽女逆行的大限區隔法，這種規定一方面增加類型的變化，另一方面是數學上的對稱性遺跡。從命宮起大限，每隔十年移動一個宮位，重新訂定格局。事實上以大限四化對命格進行修飾，這才是大限的重點所在；易言之，重要的不是大限的格局，而是命格受到大限四化的牽動，產生質變。這才是斗數的論理基礎，讓斗數富有起伏變化的描述功能。

大限順逆產生的差異，可從大限的格局、宮位和四化，進行檢討。

「圖一」和「圖二」所示，第一大限和第七大限不論順逆，完全相同；只有第二到第六這五個會有順逆引起的差異。這些差異可以整理成「圖三」，並看出其間的差異。

從「圖三」中，發現不管順行或逆行，大限結構都有相當程度的類似性，例如第三和第五大限，順行逆行幾乎沒有差異；即使宮位差異較大的第二、第四和第六大限，順逆之間，仍有相當的對應關係。第二大限在順行時，父母和子女都屬於血緣關係宮，逆行的兄弟和田宅宮也是血緣關係宮；第四大限順行的兄弟和逆行的僕役宮都是平輩關係宮，疾厄和父母也同屬密切對應的關係；只有第六大限僕役與疾厄宮則無相關性也無對應性，但子女與田宅本來就是對應宮位。

第四大限 田宅宮	第五大限 官祿宮	第六大限 僕役宮	第七大限 遷移宮
第三大限 福德宮	順行 陽男陰女		疾厄宮
第二大限 父母宮			財帛宮
第一大限 命宮宮	兄弟宮	夫妻宮	子女宮

（圖一）

田宅宮	官祿宮	僕役宮	第七大限 遷移宮
福德宮	逆行 陰男陽女		第六大限 疾厄宮
父母宮			第五大限 財帛宮
第一大限 命宮	第二大限 兄弟宮	第三大限 夫妻宮	第四大限 子女宮

（圖二）

格局宮位	順行	逆行
第二大限	父母→子女→疾厄→僕役	兄弟→疾厄→僕役→田宅
第三大限	福德→夫妻→財帛→遷移	夫妻→遷移→官祿→福德
第四大限	田宅→兄弟→子女→疾厄	子女→僕役→田宅→父母
第五大限	官祿→命→夫妻→財帛	財帛→官祿→福德→命
第六大限	僕役→父母→兄弟→子女	疾厄→田宅→父母→兄弟

（圖三）

我們可以了解，順行逆行，只有第六大限才會發生較不圓滿的差異；但就宮位性質而言，大體上沒什麼不同。

二

大限格局反映了古人對人生階段的觀察心得，第一大限是幼時的狀況，先天資質加上大限宮干的修飾。第二大限是就學年齡，也是發育期，主要是受家庭狀況（父母—子女或兄弟—田宅）和體質健康、同學朋友（疾厄—僕役）的影響。第三大限在古代是科舉、就業、結婚等社會活動的時期，影響最大的是財宮、夫妻、遷移和福德。第四大限已經成爲一家之主，上奉父母、下養子女，人際關係也比較複雜；此外，財庫（祖產、田宅）的分割運用，是這段時期主要的內容。第五大限以事業、地位、財利爲重心的顚峰期，家庭也變成生活中的重要課題。第六大限屬於人情世故的時期，古代指這種年齡爲退休期，往後看多回憶，往前看則來日無多。第七大限日近黃昏，逐漸被蓋棺論定。人的一生從「命」出發，努力表現在內在外的成就，然後使用遷移、福德和夫妻來反映先天命格的痕跡。從這些宮位的分配運用，我們發現大限是以傳統的十進法，將一生的歷程（出生到七十古來稀），分成幾個段落，再把影響各個時期的主因歸納出來，成爲立論的基礎。

大限四化的修飾由於順行、逆行而有不同，這種差異依命格、星曜而存在，需就個別的情況加以考量；換句話說，順行、逆行是個別的問題，目的在於提供更多的類型讓我們去尋覓。

論命過程中還要注意，絕非出生時間決定一個人的類型，斗數只是提供已知的歷史類型，讓後人覓找適合或近似自己的類型，然後借用投影法，將該資訊提供做為人生規劃的參考。大限格局提示生長過程中，在各階段中影響要素的關係及變化，觀察天賦才智能否順利發揮，人力能否參與其中，藉此主宰自己的人生。

三

命格在於描述個體天生的類型，往後的生命現象都是此一類型特性的表現。但是大限不是獨立決定十年升降變化的規範，因為命格吉美者，不論順逆，絕對比星局不吉美者更易遇到凶煞、空劫、化忌群集的運程（吉祿進入三方四正，煞忌只好佈到其他宮位，也就是第二、第三大限），而第二、第三大限正是一個人學習、教育、奠基的重要階段，二十年不順，求學、做事屢遭挫折，這種人想在現代社會出人頭地，機會不敢說絕對沒有，但以常識來衡量，應該不大。如此一來，命格吉美豈非變成「小時了了，大未必佳」，這是違反先導值（或稱初期值）的法則，也違反了一般常識。

在大專院校和研究所執教二十多年，我深深覺得，決定一個人的成就的重要因素不是學歷，而是天生的才智（ＩＱ），不少人家境不佳，一面苦讀，一面打工，在校表現並不怎麼出色，畢業後境遇也不很順利，還可能在多次工作中浮沉轉折，但是機緣成熟，常能鷹揚豹變，一發如雷。有能力的人遲早會峥嶸頭角，這是先導值所描述的內涵；當然，高超的才智加上不錯的家境、良好的栽培，則更能開花結果。大致上說，成就卓越的人都具有過人的領悟力、洞察力和透視力，先鞭一著，這些能力極少來自後天的教育或訓練，而是先天的智慧使然，與英文說的IQ有點近似。一個平庸的鋼琴班學生遇到秀異的老師，認眞學習，可能彈出音準調正的樂曲，但絕對彈不出扣人心弦、令人陶醉的樂曲；天份的有無才是決定這種差異的主要因素。所以適才適用，是人生最關鍵的問題，命格就是究明這種先天特質，大限則是探討該特質的發展。

命運的科學觀

一

中國人口中的「命運」，其實是極其抽象的古名詞，很難有明確的定義，一般人理解的，多半前世註定的宿命，充滿被動和無奈的生命歷程，好像出生就被安排到專用的生命軌道，無法選擇，一路身不由己地滑行，直到死亡的終點，然後等待再度輪迴。

這種謬論不過是上古時代空幻的星象命觀結合玄虛的宗教幻想，產生的愚蠢人生觀，李約瑟博士認為，中國古代思想中儒家和道家是接受世界的，較有理性，道教和佛教則抑制了東方科學的發展。暫時不論李博士的批評是否適當，我們不能否認宗教對生活不安，到處充滿疾病和死亡的痛苦、恐懼的古代，以及專制苛政下的人民提供了希望和寄托；但也不能完全忽略這種被認為是逃世的、不敢面對現實的消極意念，導致科學落後的負面作用。

在現代化的國際社會中，我們看到迷信愈深的地區，正是科學愈落後，社會愈貧困，國家愈動亂的地區。如果冷靜檢討在人生旅程中，影響其「精神」、「肉體」和「物質」的變化有關的內外要素，大約可分為三大類：

㈠自我的條件：包括先天的稟賦、才質、遺傳、性格這類精神、心理、肉體的條件，和後天的學習、努力、學歷、行業，經驗，以及與環境調和適應的能力。

㈡人際關係的條件：以內部六親、家世血緣、家庭的條件，以及外界同學、朋友、同事、長官、部屬、客戶等社會關係為條件。

㈢現代社會大環境的外在系統的條件：時代、社會習俗、文化、科技、政治、經濟等影響食衣住行的制度的規範，和優勝劣敗的條件。

「命」是先天自我的條件比較濃厚的概念，這些條件是身不由己的、與生俱來的不平等條件；「運」則視為描述先天條件的發揮、消長變化、優點強現或缺點暴露的節奏或波形，以及每個時間階段影響個人意願、心態主要因素的變化。斗數十二宮並未考慮後天的自我提升、努力、取向以及時代、環境等條件的功能；要了解一個人的人生相，須先知道先天和後天配合，使他成為一個怎樣的個人條件，然後考量個人和人際、時代、環境等外在條件的整合，產生怎樣的狀況？因爲時代、社會環境的價值標準不同，優勝劣敗的條件就跟著變化，同等資質的人可能因爲意願、努力的取向不同，而有幸與不幸的差別，也可能因生活的環境不同而產生成就高低的差異。現代人絕不可忽略「人是環境的動物」這個極爲重要的事實，個人的條件譬如種子，環境有如土壤氣候。資質優異的華裔在美國良好的學術環境發展，已有四人榮獲「諾貝爾獎」(Nobel Prize)，絕沒有人敢肯定他們留在台灣也有相同的成就。生活在學術貧瘠、「官大學問就大」的社會裏，一定有不少聰明才智不亞於那四人，卻因缺乏良好的研究環境，以致被埋沒了，這好比將二十世紀梨的種子拿到沙烏地阿拉伯去栽種，絕對難以期待開花結果一樣。

二

命運探討畢竟只是一種探求「知己」的努力，目的是和「知彼」(了解「非我」——外在條件)配合，做爲最合適的選擇和決策之用。傳統的宿命觀念誤解了這層關係，對一般民衆催眠，這對民族的活力產生極大的負面作用；這種過失絕不宜再予容忍。更惡質的是，「宿命」觀念產生的「改命」、「改運」詐欺，一些江湖術士利用無知民衆的不安和恐懼，以及喜歡不勞而獲的弱點，向神鬼賄賂進行改運。這種惡性愚行一旦累積，祿命法勢將淪爲一種違反現代常識的低級行爲，不能不說是一件可恥的錯誤。

命運只不過是個人的內在條件，力量遠不如群體的社會條件；群體的社會條件也遠不如代表自然力量的科學法則。社會進步，選擇多樣化，法規制度確立，社會公義伸張，在這種客觀環境下，依賴不正當的手段混水摸魚，可能性愈來愈少。因此，只有當內外條件配合得圓美時，祿命的吉凶才有意義。例如一個天資聰慧的孩子獲得良師的指導、家庭的栽培，加上社會環境能讓他施展抱負，才有可能創新突破；又如一個軍公教人員除非濫用特權，犯法貪汚，否則即使限行財運，不可能有什麼財可發，再佳美的財運也是空談；一位堅守崗位潛心研究的學者，就是財宮化三忌，又會破什麼財？

現實人生裏，絕無「行好運就一定好，行歹運就一定壞」那麼簡單天眞的事。在保守封閉的台灣社會，個人的能力不如人際關係重要，升遷都是先講關係，再談資格能力。人際關係一部分來自先天（家世），一部分來自後天的自我經營，除了極用心的修持，改變心態外，多少也受制於先天的性格。

在不同的社會、不同的生存環境裏，命格優劣的評價自有輕重的差異，所謂「適者生存，優勝劣敗」是也。了解這種眞相，才能探討命運的積極效益，而不是把命運做爲安慰挫折感的避難所。有些玩研斗數的大學生主張把命理的價值置於這種消極層面，把宿命的無奈視爲心理平衡的宗教信仰，我認爲並不高明，反而有鼓勵愚民的嫌疑。

三

眞正的改運，是在某種不利的環境條件下，應用科學法則、理性知識和克己的功夫，來減少自我缺陷、不利的情緒和心態，基本上是以調整自我的主觀條件爲著力點，再以自律性的調整來和不可抗逆的外在條件相調和。所以，改運並不是輕鬆簡易的事，更非賄賂莫名其妙的鬼神，而是逆水行舟，違反自我意志，克制衝動激情的努力，以及借用科學知識和社會環境條件，幫助自我的發展。中國人很重視貴人，歌仔戲及說書、小說中「及時雨」式的英雄救美，在危難中突遇貴人的情節，最引人入勝。青天大人一直是蒙冤無助的弱者心靈寄託。祿命探討，不可陷落在這種畸型病態的層次。

中國人也很喜歡談「緣分」，「緣」本是宗教語言，已經浸潤到中國人充滿被動和無奈的抽象意念裏，一千多年來，這種觀念已滲透到思考體系模式中，成爲一種解脫自責的方法；生離死別說是緣盡，婚姻成敗則由前世因支配。

有個朋友的女兒三十歲尚未出閣，父母當然十分著急，想知道何時才嫁得出去。我分析小姐的心性類型後發現，她生性小心、內向並且嚴肅，我告訴朋友，假如期待貴千金自己去尋覓對象、等待良緣，可能就此青春蹉跎。如果眞有結婚的意願，父母應該積極動員親友介紹對象，替她製造機會，讓她多接觸、多挑選；女孩子本身也要了解自己的缺點，注意選擇適合自己的類型而不宜過分挑剔。

這本是簡單的常識，朋友夫婦卻覺得一語驚醒夢中人，對我感激再三。這種現狀不禁令人感慨傳統的「迷思」（myth，註❶），不知害慘了多少中國人。

四

總之，命運在前述影響人生際遇的三大條件中，所佔的份量雖有個人的特異性，但絕非決定性的唯一要素，所以把所有際遇歸諸於命運，是一種逃避現實，違反常識的退縮。在許多的際遇中，有一些起因於自我或自我之因的比重較大，那才屬於「命運」探討的範疇；但也有不少際遇由非我之因（超我）造成的，就無法使用「命運」

來議論，命運和遭遇絕非同義詞，這種分別極為重要。古人因無知而狂妄，妄想說明人生一切因果關係，例如有人出生多病，耗盡家財，竟在幼年夭折，古人於是說：「這是前世的債主，今生專門來討債的。」誰知道前世的事？充斥著太多的猜測、附會的神話，就不是健康的文化。天災人禍不是命運，有人死亡，有人獲救，決定因素不是純自我的條件，有一部分屬於機率及偶然。命運畢竟只是斗數十二宮涵攝的個人條件而已，不多也不少。在命盤格式中央的大四方格——「太元術」的大「太」的絕對項，屬於非我的外在條件，以及後天的教育、境遇。這種基本理則必須遵守，不能任意惡性膨脹，作無理性的超越。升學考試明明是長期累積的智力和努力的競賽，網球比賽是長期訓練的技巧和體能磨練的比試，卻妄想使用流年消長來猜測勝負，根本違反了「有什麼因才談什麼果」的經驗法則。若不能正視命運的界限，誤以為命運可以決定一切，那麼探討命運必然變成頭腦簡單的人玩的猜謎遊戲，與台灣人簽賭六合彩有何差異（註❷）？

有位大學程度的業餘朋友告訴我，我說的理論上都對，在民主法治的社會確實如此，可是他看到的命例卻不盡如此，因為許多實際狀況並非照著常理來演變，有時不按牌理出牌反而有效。他因此懷疑祿命術會不會就是適合這種非理性的推測術；我不以爲然。可靠的推測術一定有它推測的根據和方法，絕對不可能像賭博那樣亂猜。社會有些異常，那是因爲畸型發展的結果所致，譬如依法行事包輸，送了紅包就變成包贏，那只是那種環境的常規，不能視爲意外。在某些落伍的國家裏，殺人罪有行情可以免受刑罰，在文明社會來說，那是畸型行爲，在該國卻是常識。

祿命推論本來就要在絕對項裏考慮這些因素的效應，這和斗數十二宮的自我解析完全是兩碼子事，千萬不能混爲一談。斗數十二宮描述的，全屬個人條件並且偏重於天生的類型，只是已知的歷史類型資訊，若據此推測在何種環境下，遇到什麼樣的境遇或挫折，會有什麼樣的反應？經過如何的閱歷、磨煉，能有何種成就？那就必須研討內外因素的交互效應，加上個人意願、努力，進行衡量，這絕非單純的命理所能涵蓋。這種議論須有高深的學識、深厚的人生體驗、廣闊的閱歷、博學而又精通人情世故，始能勝任。綜合研判的結果也只是一張參考用的地圖，不能保證一定會怎樣。

人生際遇是多變數、複雜交絡的結果，我們窮畢生之力了解的，不過是一些顯著的、粗略的要因脈絡，絕對無法涉及細節和詳情；然而把這種經驗當做人生旅途的指南，總比盲目摸索要可靠得多，探討祿命的價值正是這些。

年輕朋友一定對算命不太準確，只能粗略描繪，感到十分失望，我們渴望能夠對未來有肯定、明確，並且成眞的推測，現代科學不能滿足這種渴望，傳統的算命卻鐵口保證可以滿足，所以願意相信命運。要調適這種心態須靠智性的成熟，世間太多是我們不喜歡卻無力改變的事實。

〔附註〕

❶「迷思」是英文 myth 的中譯，此字源自古希臘及古羅馬的神話，用以表示不可信的傳說、杜撰的故事或虛構的人事物，近代多用 myth 來描述「似是而非」的錯誤觀念。

❷若單純以爲個人的命運可以決定成敗，也就是事業的成敗、人的生死，都決定於命運而不必考慮其他客觀的因素，那麼我們可以作一個實驗來反證。我們挑個榮華富貴的命格，在三祿交馳於命宮的流年，讓他臥在鐵軌上看看火車壓不壓得死他。如果壓不死，那就對了，只要命運好，火車也壓不死。我敢以身家財產跟任何人賭，他一定被壓成碎片，血肉模糊。

台灣有句俗話說，「錢沒有兩個不鳴」，任何現象的發生至少要有內因和外因，數理上稱爲必要條件和充分條件。命運是內因，客觀及科學法則是外因，外因又遠比內因強大（古人說「形勢比人強」，台灣人說「佔到好地位，勝過懂拳法」），所以只有內因，不能視爲必然。成功比較困難是因爲必須外因和內因配合圓滿，失敗比較簡單是因爲只有強烈的外因或內因之一就會發生。例如一部汽車要讓它跑，必須每一部分的功能都要正常，可是要讓汽車跑不動就太簡單了，拔掉火星塞，或搬走一個輪子就停擺了。外因是超個人的力量，無法控制或對抗，我們能掌握及控制的只有單純的內因，設法了解並調整內因，配合外因去爭取機會，減少傷害；認清這個關係，研討祿命才有價值。

命理不能違反科學

一般人最容易犯的毛病，就是把自己的「不安」、「困惑」和「未知數」全交給命理處理，根據我接觸的一些實例，發現那些問題其實都在科學知識的範疇內。原則上說，追溯性(retrospective)及投影性(projective)的命理推測，絕不能違反科學，因爲祿命的範圍狹小，知識層次也遠比科學低；祿命只是個人的內在條件，根本無法和科學知識對抗。比較正確的態度是，任何問題都應先嚐試科學方法，在科學知識範圍之內，考慮祿命資訊的參考價值。簡言之，在多樣抉擇時，科學方式考量結果有兩種以上且無法判別優劣時，祿命才有積極的意義。假若科學研討已有明確的答案，千萬不可再用祿命來左右科學知識。我試舉一些常遇的例子，作淺顯的說明。

一、事業的抉擇問題

某甲經營三家性質不同的公司，想知道哪家比較有將來性和發展潛力，值得優先考慮擴大投資；某乙借錢給三個朋友，不知哪個有倒債的危險；某丙先後買進五種股票，不知哪種可以獲利；某丁全省有七家分公司，不知哪一家會出狀況……。這些問題本質上都不是命理問題而是科學問題，不幸的是很多人把它們當做命理問題來議論。

朋友經營某業已有數年，一直在虧損狀態中，苦撐之餘，想知道繼續奮鬥、期待美好的未來，還是看破，趁早結束。當我了解他的行業性質、經營手法以及過去現在的情況後，認爲堅持下去不但可能好轉，而且前程看好。他問我「憑什麼作如此的判斷？」我把分析畫成圖樣給他看（如「圖一」）。

然後解釋說：㈠行業符合時代的需要，遠景當然看好，若是夕陽或邊際行業，鐵定前途無亮。這種行業在保守的社會中成長很慢，但是三、五年後進入市場教育的末期，常常突然廣成流行；㈡「成長率的變化率」已有直線上升的趨勢；㈢他的能力及財力可以挺得住目前的難關，已經奮鬥五年且前程有望的事業不可輕言放棄；㈣命盤上事

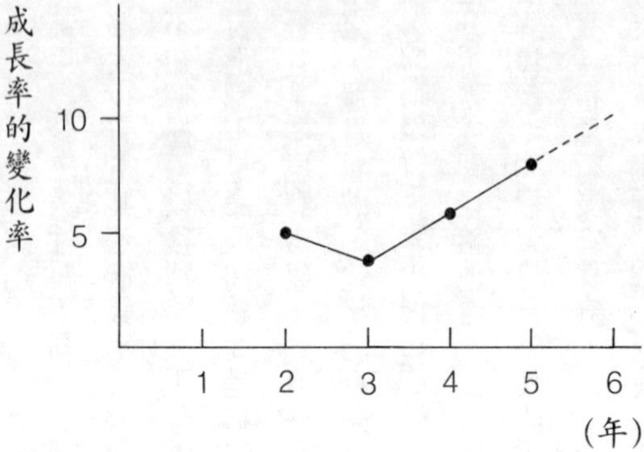

(圖一)

業、財運都有好轉的傾向。

他對「成長率的變化率」這種新名詞特別感到新奇，因爲他只知成長率、虧損率、獲利率，從未聽過「率的變化率」。這種方法通常由「率的變化率」決定「勢」(potential)是上揚或下挫，而不能只看表面的「率」的高低。他顯然同意我的見解，認爲事業可能好起來，只是不敢肯定，想聽聽朋友的意見。

最後，他突然像發現新大陸似的叫道：「你哪裏是在算命，你簡直是在作經營分析嘛！」

我一點也不意外。我告訴他，他的問題本來就是經營上的問題，與祿命無關，絕對不能從祿命的方向尋求解答；須先解開經營上的結，然後再來參考祿命，這才是正確的態度。

太約經過一年半後，朋友的事業逐漸轉虧爲盈，現在已是小有名氣的中小企業。

二、地點、方位的選擇問題

某甲想開一家服飾店，有三個地點可選，不知哪個最好；某乙想蓋工場，有兩塊土地可供選擇；某丙想開速食店，看了四處地方；某丁想開機車店、某戊想開汽車買賣公司……，都是地點、方位的選擇問題。行業都有其專業性的市場特性，所以必須從專業知識來決定取捨，然後根據這些要素的輕重加以綜合評價，決定地點。有個朋友想經營女裝生意，選了三個地點，把各處的房租、附近的市況等資料調查好後找我商量，他希望從斗數命盤擇一處最能賺錢的方位。我聽他詳細說明調查的資料，並了解他經營的策略後，反問他三個地點哪個地點服飾、美容、裝飾品店的家數最多(最密集)?他說A地點，我就勸他選A地點。他問「斗數的看法如何?」我說，看斗數之前先要考慮科學的知識，服飾店最忌孤立，一條街只此一家，前途一定無亮。因爲市場學告訴我們，服飾店的銷售潛力永遠和鄰近有多少時裝店，以及相關的商店家數的平方成正比。一旦違反這個市場法則，就是沒常識，不能再奢談其他——先要滿足這個條件，再來看斗數的資訊，才是合理的方式。

他問我若反過來，斗數的方位判斷和市場知識衝突時，那該如何?我說我們應該服從科學，因爲選擇地點、方位都必須考慮用途要素，這些專業知識遠超過個人的祿命。所有的要素可用適當的計量法，將特性強度加以數值化，透過「變異數分析」(ANOVA)或順位解析法，獲得具體可靠的結論（註❶）。若解析的結果有兩個以上、優劣不相上下，最後的抉擇才變成祿命問題。

有個律師朋友想買一棟房子，看了好幾處，因爲太太在意陽宅因素而無法順利成交，於是跑來找我。我問：「買房子的目的是什麼?居住、辦公、或置產?」他說是住家用，那麼問題就簡單了。我於是搬出一套對居住條件的心性測驗，對兩人分別進行，隨後參考斗數盤上的資訊，給他們一些意見：

㈠他們都是好靜怕吵的類型。

㈡經濟狀況不錯，重視家庭生活。

我勸他們選擇獨棟的庭園式房子，地點不妨在近郊區，環境樸素單純，附近沒有娛樂場所或工廠；然後再談其他問題。太太好像突然醒過來似的叫道：「對了，我們都先請風水仙看好，才發現不適當，所以找來找去，沒有辦法下決定。聽你這樣說，我發現應該找我們適合的，再來考慮風水，這樣才比較好找。」我笑一笑告訴她，我不干涉她對陽宅的想法，不過我認爲居住環境不外乎陽光、空氣、污染、噪音、水災、鄰居等問題，除此之外，不宜太迷信。朋友聽了，有點難爲情，說女人家就是頭腦簡單。

三、婚姻的選擇問題

婚姻的選擇本質上是科學問題，例如某甲有兩個合適的對象，不知選哪個好；某乙有三個男友，不知哪個才是白馬王子；某丙追求五個異性，每個看起來都不錯……等等。目前流行的方式就是合婚，看看有沒有互蔭、沖剋？古代婚姻都賴八字的配合，因結婚只憑媒酌之言、父母之命，婚前男女絲毫沒有接觸認識的可能，這是一種賭博式冒險，除了門風相對之外，不得不依賴命理的猜測。現代婚姻極少發生類似的狀況，男女從被介紹開始，直到認眞考慮婚嫁，都有相當認識對方的機會。美滿婚姻的要件是講究適性的搭配、價值觀的認同，以及相互條件的補償，每個人都有一些共同的婚姻訴求，也有一些特別重視的要素，而對幸福感的認定也有主觀的態度。但是，對異性的主觀及客觀條件的認同、鑑賞，常常和本身的人生觀、心性、教養、才識以及環境條件，有著密切的關係。

探討婚姻，首先要分析當事人所重視的婚姻要素，了解他們的本質和潛在的優缺點，使用現代「臨床心性類型學」的解析能獲得的資訊，其明確性、可靠性遠勝過祿命法的推測。當事人有什麼錯覺，抱著被什麼魅惑的情結，可能面臨什麼樣的際遇，都可以從知己知彼的適性分析中解析出來。有人特別重視某些條件，也可依輕重的程度加權解析，讓自己有一個清晰的條理，做最愼重的抉擇。祿命上的合婚只是居於輔助的地位；易言之，經過科學方法的清理，充分了解雙方適性及不適性的狀況後如果確定，那麼即可從祿命的合婚條件，推測共同生活後的蓋然性吉凶。一般人犯了本末倒置的毛病，對應該愼重考量的工作反而吝於投入，只憑主觀的衝動，或者把如此重要的自我抉擇丟給根本不認識的第三者，一旦不如理想，再來怨嘆命運作弄。這是二十世紀最大的滑稽，卻每天不斷上演。

婚姻諮商常會侵害別人的隱私，所以我從不爲關係不夠的人解惑，但爲了研究的需要，確實也處理過一些例子，我舉一實例說明這種解析的順序。有個親友的女兒同時喜歡兩個男同學，雖然進入婚嫁考慮，卻面臨無法抉擇的困擾。朋友夫妻都是高級知識分子，發現難以插手，因爲稍爲不愼，將來女兒就會因爲「得不到的便是寶」的錯覺，怪罪到他們身上（註❷），於是找我幫忙。我的方式就是先解析這個姑娘的心性類型，把她的眞面目先沖洗出來，讓她認淸自己是怎樣一個人，欣賞、喜愛什麼類型的男性，容易受什麼魅力吸引而掉進性格弱點的陷阱，讓她從感性的陶醉中淸醒過來，以冷靜的思考，面對終身的問題。然後，我給她一些觀察的題目，就這些問題去了解對方，並依她的主觀判斷，替兩個男友回答問題。這些過程，兩個男友當然都被矇在鼓裏。接著，我把甲和乙的本質剖析給她聽，假如她選擇了甲，將是如何的一個婚姻生活；選擇了乙，又是如何的一種狀況。人都不完美，各有優點和缺點，這些優缺點是無法分割的連體嬰；換句話說，欣賞認同優點的同時也要接納缺點。最後我把抉擇權交還給她，這一點很重要，我不替她推薦誰，她必須用心判斷。等到她下了判斷，我才用斗數來觀察兩人的祿命，說明類型上所能推測的一些蓋然性結果。這種蓋然性的考察對心理準備的價值是不能低估的，尤其熱戀中的情侶，極易將婚姻視爲戀愛的恆續和保證，而忽略了婚姻生活的平淡性和現實性。這種一廂情願美夢，遲早會驚醒的，最好在婚前多少認知一些，有助於婚姻的穩定和圓滿。

四、有關財事的問題

某甲想投資事業，有兩種事業看來對他有利，但只能擇一而爲，不知該選哪種；某乙面臨價格上的競爭，想用擴大產能來降低成本以利競爭，不知可不可行；某丙和某丁想合作經營某種事業，不知適不適性；某戊接到一批外國訂單，不知有無風險……等等財事問題，都不可不考量科學知識所能掌握的層面。如果一味往大限流年裏鑽，忽略科學判斷，那才是眞的災情慘重。我看過一些在大限、流年中遇到美好財運的人，因爲違反科學常識，結果弄得財散人離；也看過一些沒什麼好運的人，因爲作對了時潮景氣的生意而大發其財。這並不是說祿命的推測全無價值，而是指出對祿命的本質不可以有錯誤和誇大的評估；成功需要兩者配合得當，才可能發生。有個朋友開工廠，產品經過三年的好景後，面臨同業間的惡性競爭，已經到了成本邊緣，想要放棄，則那些設備、市場必須丟棄，十分可惜；如果改變商品，短期內實無可能，蓋技術、市場的問題更多。他於是想到假如把產量提升，不但可降低生產成本，而且佔有競爭的優勢。他想知道以他現在的財運，可不可以進行？我說，這個問題必須先考慮下列幾個前提：

(一)你會這樣作，難道別人就不會？大家都來硬拚，豈不是跟現在一樣，不過是把價碼拉低而已。

(二)增加產量，必須再投資設備機器，資金周轉、利息及機會成本都要考慮。此外，回收時間估計要花多久，應該算出。

(三)如果產量增加一倍，成本大約會減少多少？

他透露說，這種商品本來是他先開發的，因爲銷售不錯，才有別的廠商跟進，應驗了「無三日好光景」這句台灣俗話。老實說他確實賺到了錢，其他的人不賠就夠皇恩浩蕩了，因爲他一見類似品進入市場，就以老牌子領導降價，使新加入者的經營產生困難。所以再投資後把價格拉低到別人的成本，他們就可能被迫退出市場。好了，這個策略具有可行性，我問他：「增加產量，成本可能降低多少？」他說他計算過，假若產量增加一倍，成本可從目前的兩百元降到一百八十元左右。我叫他停一下，當場打開電腦試估一下。我告訴他，假如增加產量，而以目前的成本作爲賣價進行銷售，新成本和毛利率將變成「表一」：

產量	成本	毛利率
照舊	200 元	0
2倍	180 元	10.0%
3倍	169.2元	15.5%
4倍	162.0元	19.0%
5倍	156.6元	22.0%
6倍	152.3元	23.9%

(表一)

他看了這個表格後大吃一驚，他說花了一個多月才估出兩倍產量的成本，現在見到這個結果，他的想法改變了，他想增加四倍產量。我也認爲超過四倍的產量，就沒有什麼利可圖了，因爲毛利率之增加幅度已逐漸降低。他顯然找到了答案。臨走前對我說，可不可以教他這個計算法？我跟他開玩笑說：「我就靠知識吃飯，你怎好意思搶我飯碗？」

還有一個有趣的例子。有個朋友做出口貿易，某日突然來訪，閒談之間，提到前天接的國外電報，訂單不小，利潤也可以，只是貨期過分緊迫，不知如何是好。我問他說是如何的緊迫狀況？他說那批貨要幾家工廠分工合作，所以控制困難，如果一切順利，也不過七天左右的緩衝，罰則卻很嚴，他不敢冒險。我問他有沒有做過一種限期完工的評估法叫CPA (critical path analysis)的?他說他不懂那種方法。我說我懂:「你把資料告訴我,包括工作程序和工廠分工的流程、裝配、裝船……全部程序,我替你解析看看。」於是他就起勁了,開始打電話,把所要的資訊弄齊。我按照CPA方法作了一個系統解析,結果發現竟有十二天的緩衝時間,整個作業只有三處集結點影響最大,若能克服,應無危險。一個下午談下來,他似乎覺得那批生意很有把握,立刻趕飛機回台北。我想這件事一開始就是可行的,只不過他主觀上認爲沒有把握,缺乏較強的意願去接受挑戰而已。

經過一個下午的腦力激盪,終於激發了他的潛在意願,再接再勵,把所有的潛力都動員起來,終於衝破心理障礙。我給他的不管是科學的或是其他的資訊都不重要,重要的是激發了他自我突破的意願。財運的有無是大多數人關心的事,財運大小、守不守得住來財,可能表現在命盤類型上。不過,眞的要發大財還不簡單呢,必須先天後天、內因外因配合妥當,絕非單靠財運走到了,黃金美鈔就從屋頂飄下來,讓我去撿。所以專業知識、科學常識、時代潮流、政經制度的掌握,比個人的祿命還要重要。

五、有關疾病的問題

有些通曉中醫知識和傳統命理的人士喜歡研究斗數中有關疾病的資訊，原則上說，斗數所能提供的推測資料，侷限於和先天體質有關的、蓋然性的資訊，至於廣泛而複雜的疾病問題，應該依賴現代醫學專業知識才對。試舉兩個實例說明，這兩個命盤是依據已知的資訊，利用吻合法找出的類型模式，而非當事人的出生命盤。「圖二」是個女性，先天疾厄宮太陽化忌，羊陀煞交集，加上命逢空劫、羊陀夾制，體質顯有瑕疵。在這種狀況下，身體若有某種症狀或徵兆，實不宜大意，宜速找高明的專業醫師作詳細的診察，才不致誤事。丁丑大限巨門化忌後形成雙忌，對先天疾厄宮施虐、破壞，無以復加（丑宮無星，從對宮借用），健康狀況不佳，暗示若有什麼病痛，將十分嚴重。二十四歲丁巳年巨門再度化忌，萬一發病，可能不小。

小姐不幸罹患了淋巴腺癌，此年被診斷出來，翌年逝世。我們應該進一步考量，是不是適用此一命盤的人都會罹患淋巴癌？都在二十四歲發現、二十五歲去世？答案當然是否定的。類型的推測，只是同類型的故人所傳遞的參考性、蓋然性資訊，並沒

太陰大限祿 己巳	貪狼 庚午	天同 巨門大限忌 天鉞 辛未	武曲科 天相 地劫 壬申
廉貞祿 天府 戊辰		甲午年10月19日酉時	太陽忌 天梁 癸酉 疾厄宮
擎羊 丁卯	火六局		七殺 火星 甲戌
破軍權 地空 祿存 丙寅 命宮	左輔 右弼 陀羅 天魁 丁丑	紫微 鈴星 丙子	天機 乙亥

(圖二)

有必然性——在這種類型下有人患了十二指腸潰瘍，住院開刀，也有人根本沒什麼事。在今天的醫療水準下，多數癌症仍然屬於絕症，說不定十幾二十年後就變成有法醫治，正如幾十年前肺炎、腹膜炎是死亡的代名詞，今天確定可治。命和運的內涵受到時代知識的影響，絕無宿命成立的條件。

「圖三」這位先生是MBA（企管碩士），在政府機關擔任主管，體格健壯，個性溫和，講道理、很正派，深得長官同事的敬重。由於對工作很投入，常常耽誤中餐而罹患胃病，讀者從疾厄宮可以看出格局本不強韌，第一步大限戊子、第二大限己丑、第三大限戊寅、第四大限己卯，天機、文曲連續化忌，惡化此宮的結構，帶來健康的凶兆。我認識他是在他三十五歲甲寅年，我關心他身體的狀況，據他敍述，胃痛是久年老毛病，工作忙壓力大痛得更厲害，吃了一些腸胃藥，一壓就拖過去，我勸他不可大意，最好作一次澈底的病況檢查，他說每年公務人員的體檢都作了，胃痛發作時也到公保看病拿藥，藥一吃就不痛了，應該不是大毛病。

乙卯年我出國，從此沒再連絡。丁巳年九月底我回國，聽他太太說他不久前才剛過世，原因是肝癌，就目前的醫療情況，肝癌一旦發現，必然爲時已晚，無藥可治了。

太陽祿 左輔 火星 天喜 辛巳	破軍 壬午	天機 文昌 文曲 陀羅 天鉞 癸未 疾厄宮	紫微 天府 地空 祿存 甲申
武曲權 庚辰		庚辰年2月14日卯時	太陰科 擎羊 右弼 乙酉
天同忌 己卯	火六局		貪狼 丙戌
七殺 地劫 天馬 戊寅	天梁 鈴星 天魁 己丑	廉貞 天相 戊子 命宮	巨門 紅鸞 丁亥

（圖三）

我仍然禁不住有些感慨，想像如此明顯的參考資訊，不斷提醒我們注意身體可能出現某些狀況，如果及早覓求良醫，能否延命？這牽涉很多的層面，例如當事人對斗數有無相當的體驗，能否衡量這種資訊的參考價值？經濟允不允許他去覓求高水準的專家，作昂貴費時的診察？有沒有親友可以引介？醫藥對他的病是否有助？這些問題恐怕不再屬於命理的範疇了。

選對了合適的類型模式，根據提示的經驗資訊，經過科學知識的篩選、檢討，常常會有意想不到的效益；當然也不可忘記有些參考後來發現是多餘而不確的，所以並非完美無瑕。我們絞盡腦汁、費了九牛二虎之力獲得的，往往只是一些原則性判斷，然而有時候就因爲多此一層考慮和留意，確可避免錯失甚至化險爲夷。這種功用就是「災難理論」的效益，世間事高明與庸碌之間的差異，往往就差在這一點點上。

這些實例不過是想說明一個重要的觀念，千萬不可把科學可以解答的事物，盲目往「祿命」的方向思索；祿命萬能的錯誤觀念對祿命法是一種最無情的摧殘，最後連自己也要自食惡果。

當然，現實人生不少情況是在無法擁有充分的資訊，不允許我們作科學的判斷下

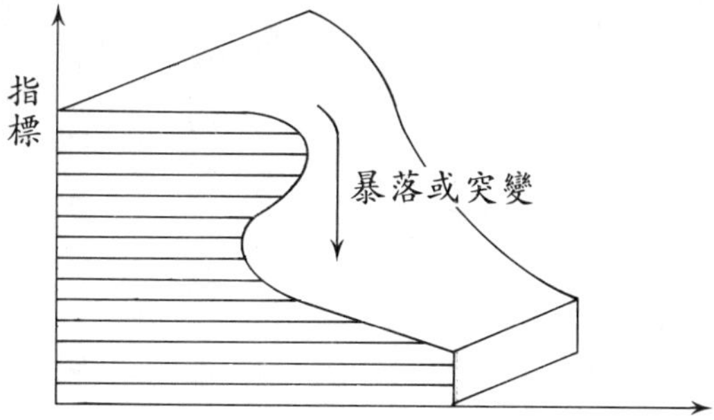

（圖四）

必須選擇，也有不少現代科學尚無能爲力的抉擇問題。不論個人的遭遇、自然環境或者社會狀況，都難免有著突然的、不可逆料的大變動，例如古人說的「天有不測風雲，人有旦夕禍福」，其他像山崩、雪崩、戰爭、人禍、地震、石油危機、世局突變、股市暴起暴落、社會脫序等大混亂，都非祿命或現代科學所能預料。二十幾年前，法國杜蒙博士曾提出「災難理論」(catastrophic theory)，討論經濟現象、社會現象、生物現象的偶發變化，他把引起大災難的主因之間的相對關係，用三次元的立體模式（「圖四」所示）加以說明，這種理論被中東主要產油國引用，爆發了一九七三、四連續兩年的石油危機。

其實「災難理論」只能供作事後的因果探討，

或者事前的模擬推演，絕對不能充作預測。不過卻可以提醒我們，想避免在突如其來的大變動中受害，平時應有何種準備；易言之，杜博士讓我們了解不斷地、仔細地注意可能變動的重要性，對個人而言，祿命法也涵蓋這種意義。類型模式的起伏周期是一種蓋然性經驗律，「運」的推測雖無其必然性，卻有其可能性，把這種可能性考慮在內，不管是否發生吉凶，都可以避免措手不及。

綜合以上的考察，正確的態度應該是：

㈠現代科學知識能夠處理的問題，絕不可偷懶，不可吝於投入，必須努力搜集必要的資訊，進行科學判斷；如果科學判斷的結果仍是模稜的，始可運用祿命選擇。科學的知識和判斷常常需要昂貴的費用與心身的投入，搜集一點一滴必要的資訊，請教專家更需要耐性。生活在台灣的人很難體會知識的價值，而習慣於廉價的低品質和一知半解的猜測。傳統的卜卦、算命，所費不過幾百至幾千元新台幣，時間也只是數分鐘到二十分鐘，都是低廉、速食型的簡便法，最能迎合勤儉成性，只求應急、應付、敷衍了事的人的口味。

㈡科學知識無法作有效的判斷的問題，與其憑一時的直覺或情緒反應，不如參考合理的祿命類型與經驗律的推測資訊，這時必須仔細追查選用的類型模式是否適當、推測的邏輯立論是否合理。不少例子顯示，當類型模式的選用非常恰當，個人的經歷和類型推測的結果也相當吻合時，斗數往往有令人驚奇的預知能力；但這種體驗稍有不慎，就容易產生宿命的錯覺（註❸）。不可忘記類型模式的推測和實際經歷的關係，只限於自我之因或自我之因爲主要的事項。這個分寸，必須仔細拿捏，才能避免以偏蓋全產生誤解。

㈢根據我個人的經驗，單獨的祿命資訊並無太大的參與決策的價值。其價值必須經過豐富的閱歷、經驗和學識的思考，以及時代潮流、環境因素和個人後天的客觀條件加入整合(integration)，產生一種最合適的導向，才能發揮出來。「圖五」所示，人生的指南來自A、B和C三種條件的整合，而非單獨的條件。

目前的狀況是，C的力量最大也最強，其次是B，最後才是A。傳統的錯誤是將A置於B和C之上，甚至忽略B和C，據此討論人生的遭遇和成敗。其實C大於B，B又大於A，故B和C的因素最重要，但我們並未排斥A的重要性。簡明地說，C和B的條件是科學的知識、公開或科學的資訊，A卻是個別且難於了解的資訊。就重要

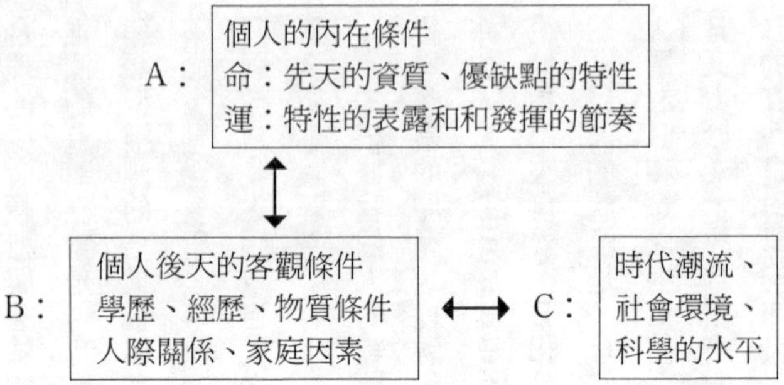

（圖五）

性而言，C大於B大於A，但對個人困難的珍貴性而言卻恰好相反，變成A大於B大於C；最理想的效益是A、B和C三者同時整合起來考慮。

一般算命只談A而不考慮B和C，這種推論結果極易引起曲解和誤導，何況傳統的算命法對A因素的認知都是出生時定宿命，加上偏執的論斷，當然不足採信，這是現代人不能不注意的問題。俗語說，「盡人事，聽天命」，應該改爲，「盡科學知識的研判，然後兼顧祿命資訊的配合」；近年來有些人把「時也、運也、命也」這個習慣用語詮釋爲「時代環境、機會和能力」，認爲時勢強於運、運強於命，這是一種對目前台灣社會時態的體驗方式。

很多人共用一個類型命盤，近來已獲得普遍的認知，但爲了區別個體差異而輸入個別的資訊，其實仍然違反科學常識。例如同一命盤（同一生辰），這個人是這樣，那個人會那樣，肇因於父母不同，需要代入父母的四化，找出不同點；對象不同、結婚的年限不同，代入配偶與結婚年的四化，判別婚姻的成敗。表面上看，這種個別資料的考慮好像已經滿足了區別個體差異所需的條件，事實上仍然嚴重違背了科學常識，也違反了斗數十二宮內外要因交絡效應的探討原則。我們仔細思考一下，就會了解此法仍被宿命論和四化神奇效果所誤導。

有個做事業的朋友研究斗數已十數年，在朋輩中被認爲罕見的高手，他曾以自己的經驗爲我證實紫微斗數的奇準，「圖六」就是這個朋友自己認定的命盤。二十三歲起的庚戌大限天同化忌於僕役宮，與巨門忌形成空劫馬煞交集的凶局，二十七歲癸丑年，官祿宮在巳，他辭去任職的公司，與人合夥投資創業，年初投資，年底虧空，二十八歲公司倒閉。這些過程斗數可以清楚地描述出來，令他驚訝佩服。庚戌大限僕役宮格局大凶，不利合夥，創業的事業宮位在翌年（甲寅年）因爲太陽化忌沖破，不得不關門大吉。他說：「早一點研究斗數，就不必吃這個虧了。」我告訴他，應再考慮下列幾個問題：

天同權 陀羅 天馬 巳	武曲 天府 祿存 午	太陽 太陰祿 擎羊 未	貪狼 申
破軍 文曲 辰	丁亥年11月27日子時		天機科 巨門忌 火星 天鉞 酉
卯	陰男木三局		紫微 天相 文昌 鈴星 戌 23-32
廉貞 左輔 壬寅	丑	七殺 右弼 子 3-12 命宮	天梁 地空 地劫 天魁 亥 13-22

(圖六)

(一)投資的行業是否合時合市？
(二)合夥的對象條件是否合適？
(三)對該行業是否內行？有無足夠的人力、財力？
(四)經營的方式是否適當？

當然尚有許多和事業成敗有密切關係的變數，他都沒有虛心檢討，只是一廂情願的把失敗的原因簡化爲選錯大限流年。凡事都有內因外因，考察問題時，須將相關因素一一確認，何者是偶合、何者永遠相連，才不會掉進傳統祿命的陷阱。

經過一番冷靜的思考後，他終於同意當年創業失敗主要來自對該業的外行，資金也短絀，加上合夥人都是兼差性質。探討命理，千萬不能忘記事實不限於自己的條件，如此才能從中獲得教訓。

〔附註〕

❶這些方法都是統計差異的判定方法，其中變異數分析(ANOVA)適用於有母數的樣本資訊解析，順位解析法則適用於無母數的樣本資訊解析。

❷一女選兩男，無論選誰，譬如配偶是甲，婚後總會後悔當時爲什麼不選乙，尤

其婚姻並不十分順利時。如果當初父母推薦甲，則會歸咎於父母，因爲把痛苦的責任推怪別人正是人性的本能之一。

❸有些命例可能推測超出個人因素以外的事項，而與事實近似，但這種情況並不具普遍性。高棉尚未淪陷之前，我在曼谷（泰京）經由當地朋友介紹認識一位祖籍潮州的高棉人，他在金邊（高棉首都）擁有很多產業，是位富商。他的經歷堪稱一部白手成家的史詩，和祿命類型推測的吻合度很高。當時我不太清楚高棉的情勢，只是發現他的行運已過高峰，逐漸進入衰退之期，所以婉言勸他稍爲調整一下步調。我的朋友（也是祖籍潮州的泰國人）聽我這樣說，就勸告該富商把財產移一部分到曼谷來，但富商當場不置可否。

三年後我又路經曼谷，我的朋友原先約好來接我的，可是我出了機場發現接機的不是泰國朋友而是那位金邊的朋友，那時高棉已淪陷好幾個月了。我替他慶幸獲得自由，也不禁替他陷失在高棉的財產可惜。他說，他雖沒唸多少書，但並不相信算命，只因爲我是有學識的教授（當時我只是副教授），所以我的話他覺得很有份量，回去後就做了一些安排。假如不是那晚的相會，聽我一席話，今天可能家破人散。

我老實告訴他，當時我說的話是針對他的類型來談論可能的變化，並不能預知高棉的局勢。這是「言者無意，聽者有心」造成的幸運。假若有人以這種經驗來吹噓斗數可以論斷世局變化，絕對是個誤解。

斗數的正面效益

一

俗語說，「富燒香，窮算命」，一般人在順境時是不會花錢去算命的，就是會也不會認眞，當然更不願意花昂貴的代價去講究品質，最多是把算命當做一種好奇或趣談。等到遭受挫折、創傷，甚至喪失信心、不知所措後，才會計較命運，算一個詳細精緻的命，從一個名家到另一個高手，慕名而往，把算命仙說的話詳細比對，然後再找更大牌的，問東問西。對自己的命運開始認眞，其實只是希望逃遁到科學理性及邏輯以外的玄虛世界，去止痛療傷，覓求安慰和新的希望。所以算命先生遇到的顧客多半已經發生問題的病人，易言之，那些命例幾乎都是病態的，並非正常人口中的「隨機樣本」。這種狀況產生一種偏頗、消極或負面的效應，這種經驗累積出來的臆說，對觀察不幸失敗、受傷的蓋然率可能較高，探討成功、發展的準確率則極低；即使猜中，也不能眞正了解成敗的因果，對人生指引沒有參考的價值。

斗數的價值不在單純地觀察富貴貧賤、好運歹運；它的積極面已被遺忘太久了。我個人始終認爲，斗數眞正的價值在於它對人生的建設性督促，而非在大勢底定以後的慰安效益，人生沒有幾個五年、十年，青春活力並非隨時都有，所以不能有錯誤的努力。在一些關鍵年限犯錯，往往造成「再回頭已是百年身」的遺憾。

㈠斗數可幫助我們在人生的初期了解自己的優缺點，得以像設計師充分掌握材料的特性，作最適當的計劃。

封建社會除非生在貴族門第，否則想要功名富貴，只有科舉一途，價值觀是單元的；現代社會多元化，命格再壞，也有出人頭地的機會，擔心的是不能有「錯誤的努力」，因爲努力錯誤，最後終歸枉然，所以才要講究「適性」的發展。天生我才必有用，適性適格，發揮得宜，行行可以出狀元。安身立命之道莫過於發展自己的長處，而人生最大的錯失莫大於用己之短去攻人之長。從人生旅途開始，就盡量避免錯誤，不走迂迴曲折的路，則可事半功倍。醫學的可貴在於預防，等到生大病再來治療，即使醫好，元氣體力也喪失大半了；斗數祿命的運用也當如是想。根據我研究千餘命例的經驗，等到受挫受傷再來想的人，多半爲時已晚，甚至大勢已去，徒呼奈何而已。

㈡斗數能使我們時時刻刻注意自我和非我條件，以及此二者的相互作用，知道如何修正自我去和非我的條件調和，凡事都存著前瞻性的考慮。果能如此，失敗、挫折的危險得以減少，並把握機會，做最有利的抉擇，立於不敗之地。

斗數不只是「窮算命」消極的工具，它是一個積極的「人生設計學」，它不應該是挫敗者用以慰安療傷的宿命論，應該是正常人的「災難理論」(catastrophic theory)，甚至是把握機會、善用機會者的導師。

祿命解析，起碼要做到把個人的主觀、客觀條件全部清理出來，利用合適的類型模式加以整理，讓當事人冷靜客觀，澈底而有系統地檢視，配合豐富的學識經驗，以及對現存環境及科學法則的了解，爲無法掌握的將來提供一種趨勢性的透視。我們也應在零碎雜亂的資訊中理出一個清楚的理路，配合高明的誘導，讓陷於困惑的人找到自己的出路，即使如此，對人生的幫助仍屬消極而相當有限的，因爲往往會發現爲時已晚，無從著力。例如配偶的不適性是造成怨偶的主因，教導方式錯誤是扼殺子女適性發展的元凶，等到已成怨偶，子女已成問題青少年，再來探討，顯然已經遲了，沒有什麼作用了。

二

有個人經由朋友的介紹找我研討，他在第一次石油危機後，與人合夥投資了一家成衣外銷工廠，並立刻陷入困境。他以爲我是大羅神仙，專問救苦救難創造奇蹟，他問我有沒有辦法幫他脫困，讓他起死回生？我告訴他：「你應該在投資之前找我，那時我才幫得上忙，現在已經遲了，說什麼都是馬後炮，無濟於事了。」此人經過三年半的困苦奮鬥，終於不幸破敗，享年三十有七。

我再提一個可資警惕的實例，知友的親戚是珠寶商，曾經發了不少財，但聽信算命師之言擴大營業遭到破敗，家破人離，正在「跑路」，不但躲避法院的通緝，也要躲避黑道的追殺（討債）。知友認爲此事是研究的好材料，問我有沒有興趣，我當然有興趣。於是約好時間見面，一見面我當場楞住了，竟是一位長得十分秀氣的少婦，本來我以爲是油頭粉面的滑頭商人，想不到書卷氣竟如此之重，氣質如此高雅。她告訴我出身家庭良好，大專畢業後進入珠寶界，結婚生子，擁有美好的家庭，生意最好時一個月賺過六十多萬元。因爲給一位大師批命，驚奇於過往事蹟的奇準（我後來替她檢討所謂的準，其實是可議的），所以聽他的鼓勵，把店遷到高級商區，擴大經營，三年下來，一敗塗地。現在婚也離了，還揹了鉅額負債東藏西躲，只能在郊區擺地攤維生。她只她拿給我看的精裝命書有五本之多，都是名師的傑作，每本造價在數萬元以上。她只想知道一件事：What's wrong？（何處出錯），讀者已經知道答案了，那就是「錯認爲個人的祿命能決定一切的成敗」，誤用出生時間開立命盤，變成錯上加錯。當然，最大的錯誤還在於竟然相信那種不經大腦思考的算命術。到了這個地步，「明、後年三祿交馳」，你說又有什麼意義？

三

人生旅途到處充滿不可知的十字路，在關鍵處轉錯了方向，就會面目全非。論命，絕不能鐵口直斷，看到好運壞運，須先查明前運的狀況，因爲前運的經營方式是對是錯，將嚴重影響此運的內容。生命歷程中沒有一步登天的奇蹟，所有的現象都是連續而累積緩進的，機會對有準備、條件好的人才是機會，對其他人則非。

除此之外，還有很多可用之面，例如不擅領導的人坐在主管的職位，不但自己的才能無從發揮，而且也會影響該部門人員的士氣，效率遞減。對任何機構而言，適才適用無疑的就是提高工作效率的祕訣。現在社會確實充滿了太多不適性的矛盾和掙扎，這種狀況，必須合理調整，才能在競爭激烈中立於不敗之地，紫微斗數可以提供這方面的參考。我們發現，任何一件成敗、悲喜的事實，無不包含著許許多多內外複雜的要因，這些要因全部湊合，才會變成事實，我們能掌握的要因相當有限，然而只要妥善利用，至少可以有兩倍以上的勝算。蘇格拉底(Socrates，古希臘的哲學家)有一句著名的訓示：「認識您自己。」了解自己是一切人生的基源，祿命法的始終就是在追求「認識自己」(know thyself)——命格是天賦的資質，運則是才智發揮的節奏。

總之，《孫子兵法》提示的「知己知彼，百戰百勝」法則，可以經由紫微斗數的革新和合理的運用，得到新的詮釋，相信這是現代人都會關心的問題。對祿命有興趣的知識人應該朝這種知識典範去努力，不可躲在見不得科學陽光的古代文明堡壘裏，閉門造車，把祿命當作蒼白無知的童話故事，或者前世註定的宿命神話。對祿命好奇，或處在困惑中的人，也不應非理性地聽信以訛傳訛的鐵口直斷，自誤前途。這才是健康的態度。

假如把一生粗略劃分爲青少年期、壯年期和老年期，那麼青少年期正是學習和立志的奠基階段；壯年期爲名利奮鬥，成家立業、養育子女；老年期則是收斂、選擇和自娛，準備迎接人生終了。斗數的大限就是根據這樣的倫理關係，研討青少年適才的發展，規劃壯年期發展妻財子祿的方向，最後才進入徹悟人生的老年期。這裏有個哲理，每一時期都要有正確而合理的重心，配合形成大限的結構，假設青少年期不好好學習，立志奠好基礎，反而努力追求名利；壯年期應該爲名爲利奮鬥，卻篤信宗教，看破塵世，過早消極悲觀，那麼就發生年齡（大限）和格局錯配，無法發揮潛能，經常導致人生萎縮和失敗。

紫微斗數的精粹就是引導我們思考自己的人生，在適當時期提示正確的方向，一步一步，瞻前顧後，檢討過去，以勵將來。老實說，我個人從斗數祿命的推測技術中獲益實在有限，學到對人生問題的思索則良多，古人的智慧結晶就隱藏在這種創意之中。古代的東西常是眞僞難辨，好壞雜處，需要現代人去蕪存菁；盲目繼承，忽視今天的知識早已不知超越古代幾萬倍這一事實，常使無辜受害。

我是研究科學的人，發現近百年來科學的進步幾乎是人類有史以來的總和，考察原因，應該是每個世代的科學家都能站在前一世代的成果上，往上提升，所以日進千里。然而回顧人生的體驗，每一代幾乎都從零開始，前代十足的無知，嚐盡各種錯誤，等到練達世情，知道如何安身立命，然而已近蓋棺論定；接著，下一代又從零開始，重演上一代的模式，而有所謂的大歷史、小歷史。前代的痛苦經驗並未成爲後代的智慧，代與代之間發生了嚴重的鴻溝，人生經驗的傳承產生了斷層，每個世代不得不重複著無知，重新摸索，在錯誤選擇中覓求活路。很多人知道多賺一點錢留給後代，使他們免於物質的匱乏，卻不知教導他們如何善用天賦異稟，去拓展豐富的人生，國泰蔡家的悲劇其實不是別人家的事，那可能發生在任何一個家庭。紫微斗數眞正的價值就在於提供此一問題探討的心得，做爲參考，並期待現代人運用智慧，做進一步的提升。

結語

一

朋友知道我花了很多寶貴時間玩研紫微斗數，都覺得不可思議，交情好的難免責備我太莫名其妙，假如我不玩什麼斗數，在科學上的成就一定比現在高；這確是至理。我很虛心感謝親友的指教，但是我想，失之東隅，可能收之桑榆，我有一個小祕密，相信能夠獲得他們的諒解。朋友知道我的子女很上道，都順利考上所志願的醫學系，並以不錯的成績畢業而考到醫師執照，並皆獲得獎學金到美國前十名的「長春藤」（附註）名校攻讀博士學位，衝過種種尖端研究上的難關，其中老大今年就要畢業，所以都說我們好福氣。其實這是表面的觀察，不知道我們和子女都經過許多困難、疑惑和煎熬，每一個階段我都竭盡心力，把從斗數學得的心得化成對子女的助力，在管教方式和人生階段的設定，排除各種主觀與客觀的阻力，善用了許多學自研討斗數所獲得的智慧，我一直用心把自己成長過程中缺乏指引的缺陷當做一個課題，努力讓子女不再重複我的錯誤。爲了說明這種效益，我舉兩個實例，供識者參考，並鼓勵知識分子關切自己和子女的人生。

第一個例子是姪女的故事。她的才識很高，人長得並不怎麼漂亮，雖然擁有國立大學和美國長春藤名校的雙料碩士，也謀得很好的職位，卻一直缺乏良緣，她於是找我訴苦，我幫她作了徹底的解析後，給她兩個建議：

㈠返回美國母校繼續完成博士學位，過程中，盡力物色適合的對象。

㈡如果找到對象，馬上跟我連繫，我會逐步指導她如何達成美滿的姻緣。

基本上說，第一項是認爲在台灣不易找到合適的對象，因爲學歷高的男性未婚者極少，美國是留學生聚集的地方，機會相對較多；第二項是她的優點偏向於內在美和知性美，而非外表，要讓男孩注意並欣賞，須有交往的機會，所以應掌握主動性，凸顯她的優點和才能，自然可以沖淡外表的缺陷。很幸運的姪女順利畢業了，也嫁了長春藤名校的航太博士，現已育有兩名子女，夫妻都是大學教授，過著幸福的生活。有一事覺得奇怪，姪女婚後變得十分漂亮，大概相由心生吧，人生實在很奇妙。

二

第二個例子是一位企管碩士朋友的故事。他太太是師大畢業的專業老師，育有一對雙胞胎兒子，老大癸丑年農曆五月二十三日下午五時十五分出生，五分鐘後老二降世(特地記述，供迷戀「出生時間決定宿命」者參考)。朋友為了孩子的教育問題找我研商，因為雙胞胎天生資質和個性大不相同，父母卻仍以同一方式教導，於是生出許多問題，研商的重點是管教方式，以下是我研究後給他們的一些建議。

老大的自我意識和自尊心比一般人強，喜歡嚐試新鮮事卻缺乏耐性，虎頭蛇尾；但是反應靈敏，對技術方法有興趣，對死背呆板的功課卻胃口缺缺；不求深入，偏向於好勝的小聰明。此外，不服高壓式的管教，有反抗權威的性癖。目前數理科目較好而文史較差，個人的房間很零亂，但亂中有序，有明顯的情緒化，看不起不如己者卻又嫉妒比自己高明的同學，若不適度管教，易因任性而變壞，有變成問題少年的危險。

㈠將來展望——喜歡扮演領導的角色而不願被人指揮擺佈，不理會常規和別人的立場，只求自己有利，所以做事明快，衝勁十足，一旦不能居於領導的地位則會變成洩氣的氣球一樣，因此這段期間尤要加強耐性和韌性的培養。

㈡管教建議——學習方式儘量採取器具性補助方法，例如必須死背的課程鼓勵使用錄音機、錄影機，自錄自聽。管教方式宜多鼓勵，利用他的自尊心、好勝心，切忌責罵、體罰，避免引起反抗；遇到挫折，說服安慰，防止洩氣導致完全放棄。易言之，這種小孩需要父母較多的關注和投入，使他覺得他並不孤單，能夠隨時獲得父母的愛心和指導，這是非常重要的事。

老二比較單純，保守安分，不喜變化，關切師長對他的肯定；服從性高，討厭責備，做任何事都小心翼翼，法商、教育、行政等科系都很適合。生活規律，學習方式按部就班，反應不是很好，但很有耐性；短期間內無法接受多項新知，所以要一樣一樣來，有順序有計劃的漸進對他最適合。所以要給他一個能理解、能認同的目標，再教他如何一一步一步迫進目標，他就會自動去達成。由於缺少自己評價的信心，父母要適時給他肯定或糾正，因爲缺乏自主性就容易受到他人影響，與人交往要特別注意。

㈠未來展望——守成負責合群的人人緣好、正派、富責任感。

㈡管教建議——培養好的生活規律，督促學業，升學上沒什麼難題，只不過反應缺乏靈活，必須多下工夫；不忘時常讚揚他努力的成果，讓他覺得穩定漸進的方式，絕不會輸給反應靈敏的人而產生自信。

果能善用這些資訊，對他們兄弟的才能發展就會有所助益。

三

討論如何管教子女或如何解決難題，都要從才能資質、天生心性的了解，再配合科學知識的運用，這中間最緊要的是把握時機，時機不對或錯過時機，就倍感困難，甚至無從著力。研究祿命不可泥古，必須引用現代的知識和現實環境的要素，來考慮個體的發展，這種運用也不能超越可行性的界域，例如資質平庸者不可去追求超出自己能力的目標，僅在天生具有的材料中做最好的運用，才不致白忙一場。適才適用而不是無中強求，才符合祿命的經驗法則。讓困惑的子女找到問題的癥結，了解問題的眞相和有關的要素，要他們相信你，需要耐心的投入與巧妙的解說，在日常生活中，利用身教培養他們對你信服。

有位很成功的企業家朋友，因爲和其子女有意見上的衝突而求我當說客。我問兩個年輕人：「你們的父親是成名的企業家，他懂的比我多，你們竟敢不聽他的話？」他們回答說：「他說的是一套，做的又是一套，我們看多了；我們不相信他是因爲他說的都有自己的目的。」我問：「我說的你們就相信？」

「不一定都相信，但是許伯伯您有說服力，因爲您會說明爲什麼，這樣我們就會去思考對或不對。」

我想這是管教上最重要的關鍵：不可濫用父母的權威，要求子女一定要如何如何，而是替他們分析個人的優缺點，由此延伸出現實環境中合理的可能演變，讓他們知道過去有類似他們的人因爲對應努力的不同而產生了幸與不幸的遭遇，再以現代知識的水平加以議論，啓動他們思索的興趣，然後在具體可行的方法上提供一些參考，我不敢說成功的機率有多大，有些助益是不爭的事實。

四

我並不相信也不重視「鈴貪成格，將相之名」這種傳統算命，我關切的是鈴貪所代表的天賦特質如何發揮，才能變成將相。因爲空有「鈴貪並守」，不可能有「將相之名」的保證。人間世沒有固定不變的成功失敗的公式或方程式，每一種經驗律都受時代環境和自我經營的影響，變化其函數。「鈴貪並守」果眞表示這個人具有將相之才，我們須先了解，鈴貪代表了何種天賦才智和特長，而這些本質發展出將相的客觀與後天條件又是什麼，因爲鈴貪並守放在文明落伍的窮鄉僻壤或競爭激烈的文明大都會，結果一定不同——將相之才不可能自動變成將相，兩者要成爲因果關係，中間必有許多複雜的條件來連結，研討這種連結，才有意義，也才有裨益，否則斗數變成無現代解，所謂將相之名，只是空談而已。

探討祿命投入的精神與時間很多，獲得的卻相當有限，這是一種「生產效益」(productivity)極差的領域，若非爲自己、爲家人、爲子女願意不惜代價，將是得不償失的，不應期待別人能爲我們犧牲太多。

老實說，沒有人願意爲別人家的事竭盡心力、傷透腦筋（探索複雜的私人問題），所以這種工作只是爲人父母者的愛心和責任。自己的祿命要自己探索，不應交給不相識或不熟悉的人代爲猜測，世界上唯有自己最了解自己，唯有父母最清楚子女，基於這種立場，用心探討，就能找到正確的參考資訊。這是經過二十多年的摸索後，我得到的結論。

[附註]「長春藤」名校是指哈佛、耶魯、賓大、哥大、杜克……等屬於「長春藤連盟」的著名大學。

命理與人生⑩

從科學觀點看紫微斗數

作　著——許興智
發行人——孫思照
出版者——時報文化出版企業有限公司
台北市10909和平西路三段二四〇號四F
發行專線—(〇二)三〇六六八四二
讀者服務專線—(〇二)三〇二四〇九四
(如果您對本書品質與服務有任何不滿意的地方，請打這支電話。)
郵撥——〇一〇三八五四～〇時報出版公司
信箱——台北郵政七九～九九信箱
主編——心岱
編輯——郁冰
美術編輯—張瑜卿
校對——許興智、吳紅文
排版——正豐電腦排版有限公司
製版——源耕印刷有限公司
印刷——協昇印刷有限公司
初版一刷——一九九五年三月十日
定價——新台幣一七〇元
◎行政院新聞局局版台業字第〇二一一四號

Printed in Taiwan
ISBN 957-13-1623-7

國立中央圖書館出版品預行編目資料

從科學觀點看紫微斗數 / 許興智著. -- 初版.
-- 臺北市 : 時報文化, 1995[民84]
面 ; 公分. -- (命理與人生 ; 100)
ISBN 957-13-1623-7(平裝).

1. 命書

293.1 84001745